Mary Frances Bowley/James Lund

Wenn Dornen Rosen tragen

12 wahre Geschichten von Frauen

Über die Autoren

Mary Frances Bowleys wichtigstes Anliegen ist es, engagierte Christinnen mit Frauen in Kontakt zu bringen, die von den Kirchen und der Welt vergessen wurden. Sie hat zehn Jahre in leitender Funktion in der Frauenarbeit gearbeitet und hat anschließend *Wellspring Living* gegründet. *Wellspring Living* ist ein ganzheitlich arbeitendes Wiedereingliederungsprogramm für Frauen, die am Rande der Gesellschaft lebten und einen Neuanfang machen möchten. Für ihre Arbeit wurden sie und ihre Mitarbeiter mehrfach ausgezeichnet. Zusammen mit ihrem Mann Dick lebt sie in Peachtree City, Georgia.

James Lund ist Schriftsteller und freischaffender Lektor, dem es Spaß macht, Menschen beim Schreiben ihrer Geschichte zu helfen.

Mary Frances Bowley/James Lund

Wenn Dornen Rosen tragen

12 wahre Geschichten von Frauen

Aus dem Amerikanischen übersetzt von Regina Kunze

Originally published in English under the title:
A League of Dangerous Women by Mary Frances Bowley
Copyright © 2006 by Mary Frances Bowley
Published by Multnomah Books, an imprint of The Crown Publishing Group
A division of Random House, Inc.
12265 Oracle Boulevard, Suite 200, Colorado Springs, Colorado 80921 USA
Published in association with William K. Jensen, Literary Agency, Eugene, Oregon

International rights contracted through:
Gospel Literature International
P.O. Box 4060, Ontario, California 91761-1003, USA
This translation published by arrangement with
Multnomah Books, an imprint of The Crown Publishing Group
German Edition © 2011 Gerth Medien GmbH, Dillerberg 1, 35614 Asslar, Germany

The mark of
responsible forestry

FSC
www.fsc.org   FSC® C017859

Verlagsgruppe Random House FSC-DEU-0100
Das für dieses Buch verwendete
FSC®-zertifizierte Papier *München Super Extra*
liefert Arctic Paper Mochenwangen GmbH.

Die englische Originalausgabe erschien im Verlag Multnomah Books
a division of Random House, Inc. unter dem Titel „A League of Dangerous Women".
© 2006 by Mary Frances Bowley
© der deutschen Ausgabe 2011 by Gerth Medien GmbH, Asslar,
in der Verlagsgruppe Random House GmbH, München

1. Auflage 2011
Bestell-Nr. 816 584
ISBN 978-3-86591-584-9
Umschlaggestaltung: Hanni Plato
Umschlagfoto: Smart Creatives/Corbis
Satz: Die Feder GmbH, Wetzlar
Druck und Verarbeitung: CPI Moravia

Meinem himmlischen Vater,
der täglich das außerordentliche Wagnis eingeht,
seine gescheiterten und zerbrochenen Kinder zu lieben –
einschließlich meiner selbst.
Du allein bist der Grund dafür, dass es Geschichten gibt,
die man aufschreiben muss!

Meinem Ehemann Dick.
Niemand hätte seine Frau mehr unterstützen können als du.
Du hast daran geglaubt, dass Gott durch mich handelt,
und hast die nötigen Opfer gebracht,
damit ich tun konnte, was er mir aufgetragen hat.
Du bist einfach der Beste!

Jeder mutigen, jungen Frau, die es wagt,
Wellspring zu betreten.
Ich liebe euch alle.

Inhalt

Vorwort

Vor einigen Jahren saß ich Mary Frances beim Mittagessen gegenüber und bat sie inständig darum, dieses Buch zu schreiben – ein Buch, das jedem ermöglichen würde, die Wunder zu erleben, die ihr jeden Tag begegnen. Wenn Stripperinnen, Prostituierte und Heroinsüchtige durch die bedingungslose Liebe Gottes vollkommen verändert werden können, dann gilt dies für jeden Menschen. Und wenn die Veränderung einen Menschen erst einmal ergriffen hat, so wird der Empfänger dieses neuen, überfließenden Lebens auf einmal sehr gefährlich für die Mächte von Gottes Widersacher.

Das ist die Botschaft dieses Buches.

Sie werden auf diesen Seiten einige höchst erstaunliche Geschichten lesen – die allesamt wahr sind. Die Geschichten enthüllen uns eine Welt voller Gefahren, Verdorbenheit und seelischer Qualen, mit der die meisten von uns nie in Berührung gekommen sind.

Da ich mich selbst in den Randbereichen der Welt von Mary Frances bewegt habe, glaube ich, dass diese Geschichten eine verändernde Kraft in sich haben. Sie durchbrechen die Mauern unserer bequemen Routineexistenz und überfluten uns mit der lebendigen, erobernden Kraft von Jesus. Es ist die übernatürliche Kraft, von der viele von uns in der Bibel lesen, sie aber nur selten persönlich erleben. Die Kraft, die sich Bahn bricht, wenn Jesus den Blick der Prostituierten auf sich zieht und sagt: „Dann verurteile ich dich auch nicht ... Geh und sündige nicht mehr."

Der Hunger nach dieser Form der Veränderung ist so viel größer, als uns bewusst ist. Zum Beispiel habe ich in den letzten Jahren bei den Recherchen für meine Bücher und andere Projekte voller Verwunderung entdeckt, dass um uns herum Frauen leben, die scheinbar ein ganz normales Leben führen, sich jedoch in den Fängen der Sexindustrie befinden. Ebenso leben überall um uns herum Männer, die durch das, was diese Industrie hervorbringt, verführt werden. Es gibt viele Menschen, die äußerlich ganz „intakt" wirken, sich aber mit tiefen Wunden und inneren Kämpfen herumquälen, die Heilung brauchen.

Ist es wirklich so überraschend, dass es diese Geschichten gibt? Jeder, der im Gottesdienst ein glückliches Lächeln aufsetzt und vorgibt, seine Ehe sei in Ordnung, obwohl er an ihr leidet, kann sich mit ihnen identifizieren. Jeder, der erlebt, dass Arbeitskollegen zu Drogen greifen, kann sich in sie hineinversetzen. Gleiches gilt für Eltern, die sich darum Sorgen machen müssen, ob ihre Teenagertochter mit ihrem Freund schläft.

Was Sie auf diesen Seiten lesen, wird Ihnen nicht nur die Augen öffnen und Sie herausfordern; es wird Ihnen Hoffnung geben. Dieselbe Hoffnung, die auch die Frauen in diesen Geschichten gefunden haben. In manchen Fällen kommt diese Hoffnung urplötzlich, und manchmal erfordert es Jahre, aber mit Jesus geht die Hoffnung nie verloren.

Ich freue mich riesig, dass dieses Buch nun fertig ist. Denn wenn wir als Leser mitempfunden haben, was bedingungslose Liebe bewirken kann, und gesehen haben, wie Jesus jene verändert hat, für die es keine Hoffnung mehr gab, dann treten nicht nur diese Frauen mit ihrem Leben für das Reich Gottes ein – sondern wir auch.

Shaunti Feldhahn

Einleitung

Wir wissen, dass es sie gibt. Manchmal sehen wir sogar eine von ihnen; eine Frau in Leder und hochhackigen Schuhen, die nachts an irgendeiner Straßenecke in der Innenstadt steht. Eine junge Frau, die leise durch den Hintereingang eines Striptease-lokals schlüpft. Einen Teenager mit verräterischen Nadelstichen im Arm.

Es sind verzweifelte Frauen, die in einer Schattenwelt leben. Die meisten von ihnen kennen nichts anderes als Missbrauch, Verlassenheit und Drogensucht. Viele fühlen sich darin gefangen und sind ohne Hoffnung, dieser Lage zu entfliehen.

Die meisten von uns würden ihnen lieber aus dem Weg gehen. Sie sind gefährlich.

Ich habe jedoch eine andere Seite an vielen dieser Frauen kennengelernt. Sie lassen mutig ihre Bewältigungsmechanismen hinter sich – im Prinzip alles, was sie bisher kannten –, um sich auf einen Glauben einzulassen, den sie noch nicht völlig verstehen, und einer heilenden Kraft zu vertrauen, die sie erst noch erleben müssen. Manche tragen diesen Glauben sogar zurück in die Straßen, um die Nachricht der vergebenden, erlösenden Liebe Gottes zu verbreiten.

Auch das ist gefährlich.

Als Leiterin von *Wellspring Living*, einem gemeinnützigen Werk, das gestrandeten Frauen hilft, ihr Leben neu zu ordnen, arbeite ich täglich mit diesen jungen Frauen. Ich kann nicht mehr sagen, wie oft mich ihre Lebensumstände zum Weinen brachten und ihre Beharrlichkeit mich begeistert hat. Jede Einzelne von ihnen ist ein kostbares Kind, das Heilung und Hoffnung braucht. Jede Einzelne verdient Mitgefühl und Liebe. Und jede war dazu bestimmt, dem Himmel Ehre zu machen – und Siegerinnen in Gottes Reich zu werden.

Ich betrachte diese jungen Frauen – zusammen mit den *Wellspring*-Mitarbeitern, den freiwilligen Helfern und Vorsitzenden – als Teil einer beeindruckenden Gruppe von Siegerinnen. Sie fanden den Mut, einen waghalsigen, verzweifelten Lebensstil hinter sich zu lassen und die Hand Gottes zu ergreifen. Er erneuert jede einzelne dieser Frauen, sodass sie zu Menschen werden, die sich mit aller Kraft für ihn und seine Gemeinde einsetzen.

Es ist mein Gebet, dass ihre Geschichten auch Sie dazu bewegen werden, Gottes Hand zu ergreifen – und dabei zu entdecken, welche gewaltigen, guten und verändernden Pläne er für Ihr Leben hat.

Mary Frances Bowley

Ein Wort zu *Wellspring Living*

Wellspring Living wurde im Jahr 2001 von einer Gruppe von vierzig Frauen gegründet, die den Wunsch hatten, den Großraum von Atlanta mit Gottes Liebe zu berühren. Das Herzstück dieser Arbeit ist das *Wellspring*-Haus. Dies ist ein sicherer Ort, an dem motivierte Frauen, die die Chance zu einem Neubeginn brauchen, anfangen können, ihr Leben wieder aufzubauen. *Wellspring* bietet einen zwölfmonatigen kostenfreien Aufenthalt, wobei die Frauen während der ersten sechs Monate intensiv therapeutisch betreut werden und in den folgenden sechs Monaten bei dem Übergang in einen normalen und geregelten Alltag begleitet werden. Seit der Gründung dieser Arbeit konnten mehr als siebzig junge Frauen diesen Dienst in Anspruch nehmen.

Wellspring besteht außerdem aus einem Netzwerk von freiwilligen Helfern und Vorsitzenden, die durch ihre Gebete und den Einsatz von Zeit und Geldspenden diese Arbeit ermöglichen. Einige von ihnen sind Mentoren und halten Kurse für die Teilnehmerinnen unseres Programms ab. Andere arbeiten in den zwei *Wellspring*-Läden. Dabei handelt es sich um gehobene Einzelhandelsgeschäfte, wo gespendete Waren verkauft werden, um einen Teil der Betriebskosten unserer Arbeit zu decken. Und noch weitere Personen helfen, Gemeinschaftsveranstaltungen zu organisieren, die von *Wellspring* gefördert werden. Insgesamt hat das Werk mehr als eintausendfünfhundert ehrenamtliche Helfer.

Die meisten der Frauen, die das *Wellspring*-Programm durchlaufen, haben seit ihrer Kindheit sexuellen Missbrauch oder andere Traumata erlitten. Zu dem Zeitpunkt, wo eine junge Frau *Wellspring* verlässt, hat sie Heilung der Wunden ihrer Vergangenheit und Ermutigung durch eine fürsorgliche Gemeinschaft erfahren, die ihr auch Qualifikationen für ihre Zukunft vermittelt. Das größte Geschenk jedoch, das ihr zuteilwird, ist die Begegnung mit Gott, durch die sie seine erlösende Kraft und den Grund seiner Liebe erkennen kann.

Danielle
Er steht vor deiner Tür und klopft an

Als ich Danielle zum ersten Mal sah, musste ich einen Moment lang die Augen schließen. Mit hängenden Schultern stand sie in einem löchrigen Overall und ebensolchen Tennisschuhen neben einer rostigen Plymouth-Limousine. Fettige Haarsträhnen, die irgendwann einmal blond gewesen sein mussten, lugten unter einem zerschlissenen Jeanshut hervor. Schultern und Kopf hingen schlaff herunter. Alles an ihr wirkte verblasst, leblos, verbraucht. Sie sah aus wie ein dürrer Zweig, der beim kleinsten Windstoß zu knicken drohte.

Nur in ihren Augen konnte man noch etwas anderes entdecken. Sie sah mir nicht direkt ins Gesicht, aber sie warf mir unter ihrem zerfledderten Hut gelegentlich einen verstohlenen Blick zu.

Einmal trafen ihre smaragdgrünen Augen die meinen, und ich konnte einen flüchtigen Eindruck der Gefühle erhaschen, die sie innerlich aufwühlten.

Sie hatte Angst.

Ich auch.

Wir standen auf dem Parkplatz einer Wohnanlage in einem südlich gelegenen Stadtteil von Atlanta. Danielle war gerade mit ihrem gesamten Besitz hierhergefahren – zwölf Müllsäcke voll mit vergammelt riechenden Kleidungsstücken und einem kleinen Hundewelpen namens Libby. Mit ihren vierundzwanzig Jahren war sie im Begriff, ihr Leben zwei Fremden anzuvertrauen.

Ich war eine dieser Fremden. Seit zehn Jahren hatte ich die Frauenarbeit der First Baptist Church in Peachtree City in Georgia geleitet. Während der letzten Monate hatte eine Gruppe dieser Frauenarbeit – ich und weitere vierzig Frauen, die den brennenden Wunsch verspürten, Gott zu dienen – die gemeinsame Vision entdeckt, über den Tellerrand unserer Gemeinde zu schauen und zu versuchen, Frauen in Not zu helfen. Wir beschlossen, unser neues Programm nach dem lebendigen Wasser, das Jesus der samaritischen Frau am Brunnen versprach, *Wellspring* (zu Deutsch: Quelle) zu nennen. Ich wurde zur Vorsitzenden ernannt. Wir planten, mit Innenstadtmissionen und anderen Werken zusammenzuarbeiten. Viele Male hatten wir Gott im Gebet von dieser Sache erzählt und waren uns sicher, dass er hinter unserem Vorhaben stand.

Als ich an jenem kalten Dezembernachmittag zitternd auf dem Parkplatz wartete, fragte ich mich allerdings, auf was ich mich da eingelassen hatte. Danielle war als kleines Mädchen körperlich, verbal und sexuell missbraucht worden. Als Erwachsene versuchte sie ihren Schmerz mit der Flucht in die Alkoholsucht, den Drogenkonsum, die Prostitution und den Okkultismus zu bewältigen. Fünf Monate zuvor hatte sie einen Selbstmordversuch unternommen. Freunde brachten sie in Kontakt mit einer Frau, die der Sexindustrie entkommen war, und dieser Kontakt wiederum führte sie zu uns.

Danielle sprach kaum ein Wort, aber die Tatsache, dass sie überhaupt aufgetaucht war, drückte die hinter ihrem Schweigen stehende Bitte aus: *Wo ich auch hingehe, werde ich von Menschen ausgenutzt. Seid ihr wie alle anderen? Bitte, ich brauche eure Hilfe. Ich bin verzweifelt. Ich will doch einfach nur jemanden, der mich liebt!*

Die Verantwortung, die wir da übernahmen, war geradezu unermesslich. Die Realität unseres Vorhabens stand mir nun in Fleisch und Blut gegenüber, und ich hatte nicht die leiseste Ahnung, was ich sagen sollte. „Danielle", stammelte ich, wobei mein Herz anfing zu rasen, „ich freue mich, dich zu sehen." Sanft schloss ich sie in die Arme und nahm eine starke Duftmischung aus Moschus und Zigarettenrauch wahr. Danielle erwiderte die Umarmung etwas zurückhaltend. Als ich zurücktrat, sah ich Tränen auf ihrem Gesicht. Ob sie aus Nervosität, Aufregung, Erleichterung oder einer Mischung aus allen drei weinte, konnte ich nicht sagen.

Herr, ich habe nichts mit diesem Mädchen gemeinsam, dachte ich. *Was soll ich nur sagen? Ich möchte ihr helfen, aber was kann ich ihr geben? Sie hat so tiefe, ungestillte Bedürfnisse!*

Ich stellte ihr Laura vor, unsere erste *Wellspring*-Mitarbeiterin, die in den nächsten Monaten als Danielles „Coach" mit ihr leben würde. Schritt für Schritt folgte uns Danielle zu der Wohnung, die wir als ihr neues Zuhause gemietet hatten.

Ich verstand ihre Vorsicht. Sie hatte schon so viel Schmerz durchlebt. Von ihrem Onkel wurde sie schon belästigt, als sie erst vier Jahre alt war. Ihr Vater, von dem ihre Mutter geschieden war, saß im Gefängnis. Ihre Mutter trank und lebte von einer destruktiven Beziehung zur nächsten. Im Alter von siebzehn Jahren rannte sie mit ihrem Freund von ihrem Zuhause in North Carolina weg.

Aber das Leben abseits ihres Zuhauses verschlimmerte nur ihren Albtraum. Danielle zog zu ihrem Freund und dessen Eltern und Geschwistern in Kansas. Ihr Freund missbrauchte sie körperlich und sexuell. Lange Zeit wagte sie nicht, ihn zu verlassen, weil sie fürchtete, er oder seine Brüder würden sie jagen und töten. Schließlich flüchtete sie doch und kehrte nach North Carolina zurück, wo ihre Mutter ihr die Tür vor der Nase zuschlug.

Danielle lenkte sich mit Alkohol und Drogen von ihrem Schmerz ab. Sie hatte keine Arbeit und keine Schulbildung. Ein „Freund" lockte sie in einen Begleitservice; schon bald fing sie an, ihr Geld mit Prostitution zu verdienen.

An einem Nationalfeiertag, als das ganze Land in Partystimmung war, kam Danielle zu dem Schluss, dass sie von allem genug hatte. Unglücklich und hoffnungslos wie sie war, kam sie sich als Versagerin vor und versuchte, ihrem Leben ein Ende zu setzen, indem sie eine ganze Packung Tabletten schluckte. Aber dieser Selbstmordversuch scheiterte.

Ein paar Monate später kam Danielle ins Gefängnis, weil sie trotz Fahrverbot Auto fuhr. Während des Gefängnisaufenthalts, wo sie nichts zu tun hatte, nahm sie zum ersten Mal eine Bibel in die Hand und fing an zu lesen. Obwohl sie das meiste nicht verstand, übten die Worte eine merkwürdige Wirkung auf sie aus. Sie spürte eine innere Regung, die sie fast vergessen hatte – es war ein schwacher Funke Hoffnung.

Nachdem Danielle entlassen worden war, bat sie einen jungen Mann, der Christ war und den sie einmal getroffen hatte, sie mit in seine Gemeinde zu nehmen. An jenem Abend weinte sie während des ganzen Gottesdienstes. Sie weinte sogar bei dem Anspiel, das davon handelte, wie Jesus an die Herzenstür von Menschen klopft, die noch nicht an ihn glauben. Was auch immer diese Leute hatten, sie wollte es auch haben, denn sie spürte, dass in ihrem Leben etwas fehlte. Sie wagte zu hoffen.

Zwei Tage später, als sie allein im Haus ihrer Schwester war, öffnete Danielle im übertragenen Sinne die Tür und sagte:

„Okay, Jesus, du kannst jetzt reinkommen. Willst du mein bester Freund sein? Wirst du immer mit mir zusammen sein?"

Als ich Danielle nun beobachtete, wie sie mit tränengefüllten Augen den Willkommenskorb auspackte, den Laura und ich für sie zusammengestellt und in die Wohnung gebracht hatten, fragte ich mich, wie es mir jemals möglich sein würde, zu dieser mutigen, verängstigten, verletzlichen und suchenden jungen Frau eine Verbindung aufzubauen. *Wie kann ich mich mit ihr identifizieren, Herr? Wie wird sie jemals lernen, mir zu vertrauen?*

Unsere jeweiligen Hintergründe waren so unterschiedlich. Ich war in einer sicheren christlichen Familie aufgewachsen und besuchte praktisch jede Gemeindeveranstaltung, die es bei uns gab – Chorproben, Missionseinsätze, Bibelschulen in den Ferien; Danielle hatte als Kind nicht an Gott geglaubt und hatte niemals den Fuß in eine Gemeinde gesetzt. Meine idyllischen Grundschuljahre bestanden aus Fußballspielen, Burgenbauen, Rollschuhpartys mit Freundinnen vor unseren Häusern; Danielle verbrachte einen Großteil ihrer Kindheit in ihrem Zimmer, wo sie den Trinkgelagen ihrer Mutter zuhörte. Ich heiratete meine große Liebe von der Highschool in Anwesenheit von fünf Brautjungfern und Trauzeugen in meiner Heimatgemeinde, deren Kirche gerammelt voll war; Danielle schlich sich mitten in der Nacht aus einem Schlafzimmerfenster, um mit einem Freund abzuhauen, der sie schlug und vergewaltigte.

Danielle war die Art von Mädchen, vor der man mich als Kind gewarnt hatte, ich solle mich so weit wie möglich fern von ihnen halten. Sie war kein „nettes Mädchen". Sie würde nur Schwierigkeiten verursachen.

Sie war schmutzig.

Anders.

Gefährlich.

Wir führten Danielle kurz durch die ganze Wohnung – zwei Schlafzimmer, ein Bad, eine Vorratskammer. Je mehr wir uns umsahen, desto mehr schien sie sich in sich selbst zurückzuziehen, als ob sie wünschte, der Boden möge sie verschlucken.

Und dennoch, dachte ich, *vielleicht sind wir gar nicht so unterschiedlich.*

Danielle hatte schon früh im Leben gelernt, wie grausam die Welt sein kann.

Ich hatte auch manche dieser Grausamkeiten kennengelernt, zum Beispiel dann, als andere Kinder meinen ältesten Bruder Robert gnadenlos hänselten, indem sie ihn Vollidiot nannten, weil er das Downsyndrom hatte. Ich war in der ersten Klasse, als ich einmal gerade beim Seilspringen auf dem Schulhof war und hörte, wie einer von Roberts Klassenkameraden aus der dritten Klasse schrie, dass er „blöd" sei. Dann schubste er Robert – zweimal. Ich war zu wütend, um Angst zu haben. Geradewegs ging ich zu dem Jungen hinüber und verpasste dem wesentlich größeren Tyrann eine blutige Nase.

Dann war da noch die Tatsache, dass Menschen, die Danielle nahestanden – die Menschen, denen sie am meisten hätte vertrauen sollen –, sie immer wieder betrogen hatten. Ihr Vater verließ die Familie. Ihre Mutter ignorierte sie. Ihr Onkel belästigte sie. Ihr Freund missbrauchte sie.

Ich wusste auch, wie es ist, betrogen zu werden. Nachdem ich neun Jahre in einer, wie ich dachte, gesunden Ehe gelebt hatte, entdeckte ich, dass mein Mann ein Verhältnis mit einer anderen Frau hatte. Meine ganze Welt zerbrach. Er entschied sich für sie, nahm seinen abbezahlten, feuerwehrroten Ford-

Transporter und ließ mich mit laufenden Krediten auf unserem Haus und unseren zwei Autos, mit zwei Hunden und einem fünf Monate alten Baby zurück. Nur die tröstende Gegenwart von Jesus hat mich durch diese dunklen Tage getragen.

Und dann war da noch Gott selber. Die meiste Zeit ihres Lebens hatte Danielle eine Leere und Hoffnungslosigkeit erlebt, die bis zu den Sternen zu reichen schien. Aber als sie in einer einsamen Gefängniszelle saß, las sie zum ersten Mal von einem Messias und fand einen Funken Hoffnung. Nun befand sie sich auf der Suche, um alles über diesen erstaunlichen, liebenden, persönlichen Retter namens Jesus zu erfahren.

Ja, ich war in einer Gemeinde aufgewachsen, hatte in der Bibel gelesen, hatte meine Stille Zeit gehalten und über viele Jahre Bibelgruppen für Frauen geleitet. Aber auch ich fand mich irgendwann in einem Zustand von Frustration und Leere wieder. Es schien, als liebten ich und die anderen Frauen in unserer Gemeinde einander wirklich und als liebten wir auch Gott von Herzen. Aber wie nah konnten wir seinem Herzen sein, wenn wir nicht die Leute berührten, die Jesus berühren wollte, die „Geringsten unter ihnen"? Ich spürte, dass es in meiner Beziehung zu Gott um mehr als das ging, was ich erlebte. Auch ich hatte mich auf die Suche gemacht, um all das zu entdecken, was Gott mit mir vorhatte – und ich glaubte, es würde damit beginnen, mich den Hilflosen und Unterdrückten zuzuwenden.

Wir beendeten unsere Runde durch die Wohnung und setzten uns an den Esstisch, um Regeln für unsere Abmachung festzulegen. Danielle war mit all unseren Bedingungen einverstanden und unterschrieb einen „Vertrag". Sie warf mir wieder einen flüchtigen Blick zu, aber dieses Mal glaubte ich den leisen Anflug eines Lächelns zu entdecken.

Vielleicht, dachte ich, *haben wir doch mehr gemeinsam, als mir bewusst ist.*

Die erste Woche war sehr hart für Danielle. Sie wollte, dass alles sich zusammenfügte. Vor allem wünschte sie sich eine normale Familie, die ihr Liebe entgegenbrachte. Sie fragte uns, ob sie zu Weihnachten nach Hause gehen könne; wir lehnten es ab. Ihre Mutter, Jackie, hatte schon die Frau in der Notaufnahme angerufen, sie beschimpft und ihr gesagt, dass wir mit ihrer Tochter nur unsere Zeit verschwenden würden. Ich hatte den Eindruck, dass ein Besuch zu Hause für Danielle Gift wäre – es wäre zu viel, zu früh.

Wir stimmten jedoch zu, ein paar Tage vor Weihnachten ein Treffen mit ihrer Mutter in einem Restaurant zu arrangieren. An einem Samstag holte ich Danielle in der Wohnung ab und fuhr mit ihr zu dem Treffen in einem mexikanischen Restaurant. Wir setzten uns in den Empfangsbereich, um zu warten. Ich sah ihr an, dass sie aufgeregt und nervös war. Wir hatten schon einiges ihrer Garderobe erneuert. Sie hatte eine neue Frisur und sah ganz verändert aus. Nun trug sie einen neuen schwarz-roten Hosenanzug und sah darin umwerfend aus. Die leblose Gestalt, der ich nur Tage zuvor begegnet war, verwandelte sich nach und nach von innen heraus in eine schöne, junge Frau.

Während wir uns über Belanglosigkeiten unterhielten und auf die Uhr sahen, rieb Danielle wiederholt die Hände aneinander. Sie konnte nicht still sitzen. Als zehn Minuten vergingen – dann zwanzig – dann dreißig –, fiel es mir selber schwer, ruhig zu bleiben.

Schließlich erkannte Danielle eine junge Frau, die auf uns zukam. Es war ihre Zwillingsschwester Deanna.

„Hi, Danielle", sagte sie, wobei sie mich aus dem Augenwinkel begutachtete. „Äh, Mama hat sich mit Larry gestritten. Sie hat gesagt, sie ist zu aufgebracht und kann darum nicht kommen."

Ich wandte mich Danielle zu und sah im selben Moment, wie ihr Gesicht in sich zusammenfiel. All die Gefühle, die sich seit unserer Ankunft in ihr angestaut hatten, schienen ihrem Inneren zu entweichen wie die Luft aus einem Ballon. Sie starrte auf den Boden.

Ich fühlte mich genauso elend wie sie.

Ein paar Minuten später saß ich in der Nähe der beiden Schwestern in einer Nische des Restaurants und beobachtete sie, wie sie sich unterhielten. Dabei versuchte ich, mit meinen eigenen Gefühlen fertig zu werden. *Herr,* betete ich, *ich habe doch Jackie gesagt, dass dies die einzige Möglichkeit sein würde, Danielle vor Weihnachten zu sehen. Sie muss doch wissen, wie sehr sich Danielle wünscht, ein Teil ihres Lebens zu sein. Weihnachten ist eine so besondere Zeit für Eltern und ihre Kinder. Wie kann eine Mutter es fertigbringen, nicht zu erscheinen, um ihre Tochter zu sehen?*

Ich wusste, dass ich Danielle nicht die Mutter ersetzen konnte, aber ich bat Gott, mir zu zeigen, wie ich ihr am besten helfen konnte.

Ein paar Tag später kam mir eine Idee. Danielle war bei mir zu Hause, um ihre Doggen-Labrador-Mischlingshündin Libby wiederzusehen. Sie liebte diesen Hund. Libby war wahrscheinlich das einzige Wesen auf der Welt, das Danielle bedingungslose Liebe gezeigt hatte. Wir hatten ein Ehepaar gefunden, das bereit war, Libby bei sich aufzunehmen, während Danielle bei *Wellspring* lebte. So war es eine wunderbare Überraschung für

Danielle, die Hündin wiederzusehen. Libby leckte Danielles Gesicht so oft, dass ich dachte, wir würden einen Wasserschlauch brauchen, um Libbys Speichel aus Danielles Gesicht zu entfernen. Ich machte ein Foto von den beiden, wie sie glücklich vor unserem Weihnachtsbaum saßen.

An Heiligabend holte ich Danielle wieder zu uns. Ich wusste, wie schwer es für sie war, ohne Familie zu sein, und ich wollte ihr, so gut es nur ging, ein Gefühl der Zugehörigkeit vermitteln. Gemeinsam mit meinem Mann Dick, meinen Söhnen Paul und Matt sowie Matts Freundin fuhren wir mit dem Auto durch die Nachbarschaft, um uns die Weihnachtsbeleuchtung anzusehen. Das Glitzern der schönen roten, grünen, blauen und weißen Lichterketten an jedem Haus erinnerte uns an das Leuchten des einen Sterns über Bethlehem in jener Nacht vor 2000 Jahren. Auch Danielles Gesicht leuchtete, während sie alle Eindrücke in sich aufnahm.

Dann setzten wir uns alle zusammen um den Küchentisch und verteilten Weihnachtsgeschenke. Wir hatten kein Gold, Weihrauch oder Myrrhe, aber die Liebe, die hinter jedem Päckchen stand, war ebenso ehrlich wie die der Sterndeuter. Als Danielle an der Reihe war, beobachtete ich sie, wie sie das Foto von ihr und Libby vor dem Weihnachtsbaum, das ich hatte vergrößern lassen und für sie gerahmt hatte, auspackte. Es war so ein einfaches Geschenk, aber als ich sah, wie ihr die Tränen die Wangen hinunterliefen, wusste ich, dass es das Richtige gewesen war. Ich stand auf und nahm sie in den Arm, wobei mir selber die Tränen in den Augen standen.

„Danke", flüsterte sie und sah zwischen dem Foto und mir hin und her. „Das ist eins der schönsten Weihnachtsgeschenke, das ich je bekommen habe."

Ich spürte, dass Gott uns an diesem Abend ein kleines Wunder schenkte. Ganz allmählich öffnete Danielle ihr Herz, vertraute uns immer mehr und ließ es zu, dass wir sie liebten.

Einige Wochen später erlebten wir noch ein Wunder. Wir hatten weitere Anrufe von jungen Frauen erhalten, die der Sexindustrie oder anderen bedrohlichen Umständen entkommen wollten. Diese Mädchen brauchten dringend einen Ort, an dem sie leben konnten. Danielle konnten wir schon helfen. Nun hatten wir den Eindruck, als wollte Gott uns zeigen, dass wir ein Haus für junge Frauen einrichten sollten, die seine göttliche Hilfe brauchten. Wir könnten für diese Mädchen die Brücke auf ihrer Reise zu Jesus sein.

Gleich nach Weihnachten kontaktierte ich einen Freund, der Bauunternehmer ist. Ob er wohl ein Objekt kannte, das unseren Anforderungen entsprach? Es stellte sich heraus, dass ein Ehepaar aus einem ruhig gelegenen, 427 Quadratmeter großen Musterhaus ausziehen wollte – es war ein Haus, von dem mein Bekannter „schon immer gedacht hatte, das es für den Dienst für Gott genutzt werden sollte". Noch bevor ich davon erfuhr, hatte sich jemand bereit erklärt, eine erste Zahlung zu leisten, und der Eigentümer übergab mir die Schlüssel. Wir waren Hausbesitzer; unsere Hausbewohner sollten die „Armen und Bedürftigen ... [und] die Hoffnungslosen" sein (Psalm 109,16). Das war eine unglaubliche Verantwortung – aber wenn Gott dahinterstand, wie konnte ich dann an unserem Vorhaben zweifeln?

Danielle und Laura zogen im Januar in ihr neues Zuhause. Wir forderten Danielle auf, ihr Zimmer ganz nach ihren eigenen Vorstellungen zu dekorieren und dabei im Blick zu haben, dass junge Frauen wie sie später auch einmal dort wohnen würden. Etwa eine Woche später staunte ich über das, was sie sich ausgedacht hatte. Das Zimmer war leuchtend violett gestrichen, sodass „jede Frau, die einmal hier wohnen sollte, daran erinnert würde, dass sie eine Königstocher ist". Noch bedeutsamer war, dass die Wände mit Bibelversen verziert waren, alle sorgfältig in Silber aufgemalt.

Auf der Innenseite der Tür entdeckte ich den Vers, von dem ich wusste, dass er Danielles Leben verändert hatte: „Gebt acht, ich stehe vor der Tür und klopfe an! Wenn jemand meine Stimme hört und die Tür öffnet, werde ich bei ihm einkehren. Ich werde mit ihm das Mahl halten und er mit mir" (Offenbarung 3,20).

„Danielle", sagte ich und drehte mich langsam durch das Zimmer, um die volle Wirkung in mich aufzunehmen, „das sieht fantastisch aus."

„Das sind die Verse, die mir so viel bedeutet haben", sagte Danielle. „Ich möchte hier liegen können und dabei Gott sehen und hören. Ich möchte, dass jede Person, die nach mir in diesem Zimmer wohnen wird, weiß, das Jesus hier ist und auch zu ihr spricht."

Ich war so stolz auf sie – und so dankbar, dass Jesus ihr Herz veränderte.

Im Laufe der folgenden Wochen sah ich, wie Gott weiter am Herzen dieser aufrichtigen jungen Christin arbeitete.

Manchmal machte Danielle das Lesen in der Bibel Mühe. Auch andere Kämpfe machten ihr zu schaffen. Wir waren ganz verwirrt, als sie plötzlich auf alles, was Laura sagte oder tat, feindselig reagierte. Das ging über mehrere Wochen so, bis wir entdeckten, dass der Auslöser hierfür ein Moment gewesen war, in dem Laura sich auf eine ganz bestimmte Weise von Danielle abgewandt hatte. Danielle war es in dem Moment nicht bewusst, aber es hatte sie an ihre Mutter und den Missbrauch erinnert, den sie erlitten hatte.

Doch trotz der Schwierigkeiten machte Danielle deutliche Fortschritte. Der Grund dafür war ihr Entschluss, sich auf Gott zu verlassen, daran hatte ich keinen Zweifel. Eines Tages erschien ich bei Danielle, um sie zum Einkaufen abzuholen. Laura teilte mir jedoch mit, dass Danielle wahrscheinlich nicht mit mir sprechen würde. Sie hatte beschlossen, ihre Zigarettensucht zu überwinden, indem sie den ganzen Tag in der Bibel lesen wollte.

Ich änderte meine Planung für den Tag, und bald hatten wir einen ruhigen Platz für Danielle gefunden, wo sie sich ungestört in Gottes Wort vertiefen konnte. Im Lauf des Tages sah ich immer wieder nach ihr. Ich habe noch nie erlebt, wie jemand durch das Lesen der Bibel so sehr mit Frieden und Freude erfüllt wurde. Danielle legte nicht nur eine zerstörerische Gewohnheit ab; sie kehrte selbst ins Leben zurück.

Tatsächlich veränderte sich Danielle auf wunderbare Weise in vielerlei Hinsicht. Sie lächelte öfter. Sie wurde entspannter und zuversichtlicher. Sie verwandelte sich in ein auffallend schönes Mädchen. Das Beste war, dass sie in ihrem Glauben immer reifer und ihre Beziehung zu Gott täglich tiefer wurde.

Erstaunlich war, dass auch ich durch die Anteilnahme an diesem Prozess verändert wurde. Ich erkannte, wie zerbrechlich das Leben ist. Ich fing an, Menschen achtsamer zu behandeln, ihnen mehr Liebe entgegenzubringen. Gemeinsam mit meinem Mann betete ich für Danielle und spürte, wie unsere Ehe dadurch gestärkt und unsere Beziehung tiefer wurde.

Die Erfahrung, mit einem verletzten Menschen, der keine

Hoffnung mehr hatte und nur noch sterben wollte, durch den Schmerz hindurchzugehen und zu sehen, wie Gott ihn in ein Leben voller Freude und Sinn hineinführte, war einfach unbeschreiblich. Es war, als ob mein Glaube sich bis zu den Wolken erheben würde. Ich sah nun – ich *fühlte* in den Tiefen meiner Seele –, dass Gott einfach nichts unmöglich war. Ich hatte das Vorrecht, die Liebe von Jesus in Aktion zu sehen. Ich erlebte, wie mein Mann es gerne ausdrückt, „Gott zum Greifen nah".

Die umfassenden Auswirkungen dessen, was Gott in unser aller Leben tat, trafen mich in einem Karfreitagsgottesdienst in derselben Gemeinde, in der Danielle bei dem Anspiel über Jesus, der vor der Herzenstür steht, geweint hatte. Keiner, der sie an jenem Tag gesehen hatte, hätte sie jetzt wiedererkannt. Ihr Gang war leicht und lebendig. Ihr Gesicht strahlte Frieden aus.

Deanna, Danielles Zwillingsschwester, und Deannas Ehemann sowie ihr vierjähriger Sohn begleiteten uns zu diesem Gottesdienst. Sie waren nie zuvor in einer Kirche gewesen. Die Anbetungszeit war sehr intensiv. Wir sangen aus vollem Hals „Amazing Love", während wir eine Filmsequenz der Kreuzigung sahen.

Aus dem Augenwinkel warf ich einen kurzen Blick auf Danielle, wie sie neben mir stand – genauso wie sie damals vorsichtig zu mir herübergespäht hatte. Sie sang und lächelte dabei, die Arme waren hoch erhoben. Die ganze Zeit strömten Tränen über ihr Gesicht.

Was mich jedoch völlig verblüffte, war der Anblick von Deanna und ihrem Sohn, die direkt neben Danielle standen. Beide beobachteten Danielle konzentriert. Deannas Gesichtsausdruck, eine Mischung aus Überraschung und Neid, schien zu sagen: *Das will ich auch haben!*

Der kleine Junge hatte auch seine Hände erhoben. Er versuchte, Gott genauso anzubeten wie Danielle.

Tränen verschleierten meinen eigenen Blick, als ich die Arme noch höher zu Gott erhob. Mir wurde bewusst, dass Danielle noch immer gefährlich war. Aber sie war nicht gefährlich für mich. Sie war eine Siegerin für Gott, die allein durch ihre eigene Sehnsucht nach Heiligkeit andere Menschen dazu bewegte, sich Gott zu öffnen.

Jetzt war sie eine Frau, die sich für Gott einsetzte.

Herr, betete ich, *ich danke dir so sehr – das ist der größte Segen, den ich je erlebt habe! Danke, dass du mir ein Herz für die Menschen, die innerlich zerbrochen sind, geschenkt hast, dass du mir den Wunsch gegeben hast, Gefangene zu befreien und dir dabei zu helfen, Trauer in Freude zu verwandeln.*

Danke für die vierzig anderen Frauen, die auch an dich glauben, dass sie diese Vision mit mir teilen und eine solche Ermutigung für mich sind. Danke für Laura, die in den letzten Monaten Danielle so viel von ihrer Zeit und ihrer Liebe geschenkt hat.

Und danke für Danielle. Danke, dass du uns zusammengeführt hast und mir erlaubst, sie zu lieben. Danke, Gott, dass du uns alle zusammengebracht hast – eine Gruppe von Siegerinnen –, damit wir dir alle Ehre geben. Amen!

* * *

Im Jahr 2002 zog Danielle als erste „Absolventin" unseres *Wellspring*-Programms zu einer liebevollen Gastfamilie. Sie heiratete 2004 und ist dabei, ein Praktikum in einem Frisörsalon zu beenden. Sie und ihr Ehemann wohnen mit ihrer Dogge Annabelle in Atlanta.

Danielle sagt, dass sie manchmal noch mit Erlebnissen aus ihrer Vergangenheit zu kämpfen habe, aber dass Gott sie durch alles hindurchführe. „Manchmal", meint sie, „frage ich mich, wie Gott mich nach all dem Schrecklichen, was ich getan habe, überhaupt lieben kann. Aber er zeigt mir, was bedingungslose Liebe ist. Er wird mich nicht verlassen und nicht zulassen, dass ich mich von ihm wegziehen lasse. Ich liebe ihn von ganzem Herzen. Er ist der Einzige in meinem Leben, bei dem ich Wahrheit und Sicherheit gefunden habe. Er klopft immer wieder an meine Tür."

Skylar
Es war Liebe

Als Skylar an jenem Herbstnachmittag in Baltimore aus dem Schulbus sprang, leuchteten die Blätter der Ahornbäume und Eschen entlang der Straße in wundervollen Rottönen. Sie hatte gerade ihren allerersten Schultag gehabt. Der Wind wehte durch ihr wunderschönes langes blondes Haar, als sie zur Haustür rannte und eintrat.

Im Haus war es still. Skylar lief schnell zum Schlafzimmer ihrer Mutter und öffnete die Tür. Wie üblich war das Licht ausgeschaltet und die Rollladen heruntergelassen. Ihre Mutter lag mit dem Rücken zur Tür. „Mami, ich bin wieder da!", rief Skylar. Sie wollte ihrer Mutter unbedingt alles erzählen. Sie regte sich leicht, sagte aber nichts.

Skylar dachte zurück an den Morgen, als sie zum ersten Mal ihr Klassenzimmer betreten hatte. Es schien, als ob alle anderen Erstklässler von lächelnden Eltern umgeben wären, die Fotos schossen und ihre Kinder zu deren Plätzen begleiteten. Skylar musste allein im Zimmer umhergehen, bis sie den Platz fand, wo ihr Name auf den Tisch gekritzelt war. Wir sehr hätte sie sich gewünscht, dass ihre Mutter mitgekommen wäre.

Skylar blendete diese Erinnerung wieder aus und hielt die Tränen zurück, die ihr schon in die Augen getreten waren. Sie ging auf die andere Seite des Bettes. Donna Olshanskys Augen waren geschlossen.

„Mami, kommst du raus und spielst mit mir?", fragte Skylar. „Bitte! Die Sonne scheint. Es ist warm."

Donna bewegte ihre Lippen, gab aber keinen Laut von sich. Ihre Augen blieben geschlossen. Schließlich formten sich ganz leise die Worte: „Heute nicht, Skylar. Ich bin zu müde."

Skylar kroch zu ihrer Mutter unter die Decke – wie sie es schon oft getan hatte und wie sie es noch viele Male in den Jahren, die vor ihr lagen, tun würde – und legte vorsichtig ihren Kopf auf den Bauch ihrer Mutter. Sie hörte, wie es unter dem Nachthemd gluckerte.

Skylar seufzte. *Bitte, Mami,* dachte sie, *könntest du nicht dieses eine Mal aufstehen und mit mir spielen? Bitte!*

Für Skylar begann ein weiterer, einsamer Nachmittag. Ihre Mutter litt an einer Persönlichkeitsstörung, kämpfte mit einer schweren Depression und verbrachte viel Zeit im Bett. Skylars Vater, ein Spieler, Alkoholiker und sehr jähzorniger Mensch, hatte schon vor Skylars Geburt die Familie verlassen. Wenn er hin und wieder auftauchte, gewöhnlich ohne es anzukündigen, missbrauchte er seine Familie körperlich und verbal. Debbie, Skylars älteste Schwester, war oft außer Haus und verbrachte Zeit mit ihren eigenen Freunden. Ihre jüngere Schwester, Nancy, war noch ein Kleinkind.

Vicki, die zwei Jahre älter als Skylar war, versuchte ihrer jüngeren Schwester die Mutter zu ersetzen, aber sie war kaum in der Lage, ein anderes Kind zu erziehen. Viel zu oft war Skylar sich selbst überlassen. Wenn sie mit ihren Freunden „Familie" spielte, wollte sie nie die Mutter sein – sie wollte die Tochter sein. Es war nur ein Spiel, aber wenigstens konnte sie für einige Minuten so tun, als kümmerte sich jemand um sie. Sie wünschte sich nur, dass jemand sie beachtete, sie liebte.

Skylar kannte Gott noch nicht. Donna las ihr sehr gern aus der Bibel vor, wenn sie dazu in der Lage war, aber nur selten hatte sie die Kraft, Skylar mit in die Kirche zu nehmen. Skylar hatte keine persönliche Beziehung zu Gott. Irgendwie glaubte sie zwar an ihn, sah ihn aber nicht als Teil ihres täglichen Lebens an. Er schien an ihr nicht persönlich interessiert zu sein. Aber wenn das stimmte, dann interessierte sich niemand für sie.

Da sie von ihren Eltern derart vernachlässigt waren, überraschte es nicht, dass Skylar und ihre Schwestern mit Alkohol und Drogen experimentierten. Mit zehn Jahren fing Skylar an, Alkohol zu trinken. Ein Jahr später probierte sie Marihuana aus.

Als sie dreizehn war und mal wieder ein langweiliges Wochenende vor sich hatte, ging Skylar mit einer Freundin ihrer Schwester und deren Freund zum Strand. Zusammen mit dem Jungen ging sie am Wasser spazieren. Während ihres Gesprächs zog er ein Säckchen mit weißem Puder aus der Hosentasche, von dem er etwas in einem Dollarschein aufrollte.

Es war Heroin.

Nachdem er einen langen Zug durch die Nase genommen hatte, hielt ihr der Freund die Dollarnote hin.

„Willst du mal probieren? Es ist guter Stoff."

Skylar zögerte nur kurz. Sie hatte noch nie harte Drogen genommen, aber sie war gern mit den Freunden ihrer Schwester zusammen und war neugierig zu erfahren, wie sich Heroin anfühlte. Sie nickte.

Skylar schnüffelte ein paar Mal. Schon bald stieg ein warmes Glücksgefühl in ihr auf. Skylar fühlte sich wie ein Ballon, der zu den Wolken aufsteigt. Ihre Haut wurde heiß und ihr Mund trocken, aber das war ihr egal – dieses friedvolle Gefühl war wunderbar. Sie wollte mehr.

Im Lauf der nächsten zwei Jahre fand sie auch mehr. Skylar lernte neue Freunde kennen. Sie ging zu Partys, wo sie einen jungen Mann traf, der Drogen verkaufte, und verstand sich auf Anhieb gut mit ihm. Stuart war süß, war fünf Jahre älter als sie und Künstler. Das Beste daran war, dass er Skylar zu mögen und sich für sie zu interessieren schien. Es dauerte nicht lange, bis sie ein Paar waren und miteinander schliefen.

Ist das Liebe?, fragte Skylar sich eines Morgens im Bett. Sie mochte Stuart, aber irgendwie schien etwas zu fehlen. Sie war sich nicht sicher, ob sie überhaupt fähig war zu lieben.

Vicki war wütend geworden, als sie herausgefunden hatte, dass ihre Schwester Heroin nahm. Aber das kümmerte Skylar nicht. Das Gefühl der Euphorie, das die Droge ihr gab, füllte sie ganz aus. Sie hatte etwas gefunden, womit sie ihrem einsamen, hoffnungslosen Leben entfliehen konnte – eine neue Welt, die sie ihr Zuhause nannte.

Skylar war fünfzehn, als sie bemerkte, dass ihre Kleidung zu eng wurde. Ihr war auch in den letzten Tagen etwas übel gewesen. Sie war doch bestimmt nicht – nein, das war unmöglich. Sie wollte nicht einmal darüber nachdenken.

Aber sie würde die Sache klären. Nur um sicher zu sein.

Nachdem sie in der Apotheke gewesen war, saß sie im Schneidersitz auf ihrem Badezimmerschränkchen und wartete auf das Ergebnis – wartete auf das kleine, weiße Stäbchen, das die Macht hatte, ihr Leben zu verändern. Sie spürte, wie ihr Herz schneller schlug und ihre Wangen heiß wurden. Sie starrte auf die Wanduhr und wünschte, der Minutenzeiger würde sich schneller bewegen.

Schließlich waren die zehn Minuten um. Langsam richtete Skylar den Blick auf den Test in ihrer zitternden Hand.

Positiv.

Positiv? Wie kann das Ergebnis positiv sein? Es gibt nichts Positives daran!

Sie sah in den Spiegel. Das ängstliche Gesicht eines Teenagers starrte ihr entgegen. Schnell wischte sie eine Träne fort. Schon vor langer Zeit hatte sie gelernt, dass Weinen überhaupt nichts änderte. Das hier war ihr Problem, und damit würde sie schon fertig werden.

Skylar erzählte es Stuart. Er war nicht gerade glücklich darüber; er sagte, er würde eine Abtreibung bezahlen. Skylar wusste nicht, was sie sonst tun sollte, also willigte sie ein. Sie sprach mit einer Freundin ihrer Schwester, die ihr half, einen Termin in einer Klinik zu vereinbaren.

Sonst erfuhr niemand etwas von der Schwangerschaft. Ihre Mutter und ihre Schwestern würden nur geschockt sein und sich für sie schämen. Ihr Vater würde wild werden – wer weiß, wozu er in der Lage wäre, wenn er es erfuhr? Sie fühlte sich so unsagbar verlassen und allein, aber es gab nichts, was sie daran ändern konnte.

Als der Termin in der Klinik näher rückte, weinte Skylar oft. Sie fing an sich zu fragen, ob sie das Richtige tat. *Ich kann kein Baby haben. Ich kann kein Kind großziehen,* überlegte sie sich. *Aber will ich wirklich eine Abtreibung?*

In der Klinik zeigte das Ultraschallbild, dass Skylar in der achten Woche war. Sie vereinbarte, dass die Abtreibung zwei Wochen später durchgeführt werden sollte.

Ein paar Tage später war Skylar allein in ihrem Schlafzimmer. Sie befand sich im Heroinrausch und weinte wieder. Sie fühlte sich elend. Innerlich fühlte sie einen furchtbaren, fast physischen Druck.

Ich habe jetzt schon mein ganzes Leben verspielt, dachte sie. *Ich kann ihnen jetzt nicht auch noch sagen, dass ich schwanger bin. Ich muss diese Abtreibung machen lassen. Was sollte ich sonst tun?*

Plötzlich kam ihr eine Erinnerung. Skylars älteste Schwester Debbie war schwanger geworden, als sie selbst noch ein kleines Mädchen gewesen war. Skylar hatte nicht ganz verstanden, was da vor sich ging, aber sie wusste, dass Debbie das Baby bekommen und es zur Adoption freigegeben hatte.

Adoption? Könnte ich das wirklich tun?

Skylar hörte auf zu weinen und dachte darüber nach. Je mehr sie sich darüber Gedanken machte, desto mehr ließ der innere Druck nach. Am Ende des Nachmittags hatte sie eine Entscheidung getroffen: Sie würde das Baby bekommen und es Eltern überlassen, die ihrem Kind ein besseres Leben, ein hoffnungsvolles Leben bieten könnten.

Zum ersten Mal seit Wochen verspürte sie Frieden.

Dank eifriger Gebete vieler Menschen erholte sich Skylars Mutter von ihren jahrelangen Kämpfen mit der Depression und der Persönlichkeitsstörung. Donna beschloss, in die Nähe von Atlanta zu ziehen, um einen neuen Anfang zu machen; Skylar entschied sich, ihre Mutter zu begleiten. Erst als sie umgezogen waren, erzählte sie ihrer Mutter von dem Kind und ihrem Wunsch, es zur Adoption freizugeben. Überrascht stellte sie fest, dass ihre Mutter sie darin unterstützte. Sie war auch der Meinung, dass eine Adoption die beste Lösung sei.

Skylar wollte ebenso wie ihre Mutter einen Neuanfang. Das zeigte sie ganz deutlich, indem sie versuchte, sich bei einer öffentlichen Highschool in einem Vorort von Atlanta einzuschreiben. Die Sachbearbeiter dort entmutigen sie jedoch.

„Ich glaube, es wäre besser für uns alle, wenn du dich nicht hier, sondern bei einer Abendschule einschreiben würdest", sagte einer von ihnen. Skylar hatte verstanden. Als unverheiratete werdende Mutter war sie eine Blamage, die man sich besser vom Halse hielt.

Die Wochen bis zur Entbindung durchlebte Skylar wie im Traum. Sie fühlte keine Verbindung zu dem kleinen Wesen, das in ihr wuchs. Der Gedanke war einfach zu viel für sie, dass sie ein neues Leben zur Welt bringen würde. Aber sie mochte das Gefühl, wenn sich ihr Baby drehte oder mit den Füßen strampelte. Es erinnerte sie daran, dass sie nicht mehr allein in der Welt war.

An einem schwülen Nachmittag Ende April ging Skylar zum Arzt, um sich untersuchen zu lassen. Das Baby sollte in zwei Wochen kommen.

„Du meine Güte", sagte der Arzt. „Der Muttermund ist schon siebeneinhalb Zentimeter geweitet. Du musst gleich in die Klinik."

Skylars Baby hatte sich wohl vorgenommen, einen Geschwindigkeitsrekord aufzustellen. Nach wenigen Wehen öffnete die Hebamme die Fruchtblase und gab ihr eine Periduralanästhesie. Eine halbe Stunde später hielt Skylar ihr schönes kleines Mädchen im Arm.

Noch nie hatte Skylar sich so lebendig gefühlt wie in dem Moment, als sie ihr Baby ansehen und berühren konnte. Es hatte schöne braune Augen und einen zarten schwarzen Flaum auf dem Kopf. Skylar empfand augenblicklich eine unerklärliche Zuwendung. Sie kostete jeden Blick aus, jeden Moment des Zusammenseins: die perfekten, winzigen Arme und Beine, die sich in einem wundervollen, chaotischen Tanz bewegten und strampelten; der leichte, warme Atem des Babys, der sie am Hals kitzelte; ein niedliches, staunendes Gesichtchen mit Augen, die jeder Bewegung folgten.

Ihr Leben lang hatte Skylar ihr Herz und ihre Gefühle für sich behalten. Sie musste das tun, um zu überleben. Aber jetzt brach ein Damm in ihr. Selbst wenn sie es gewollt hätte, sie hätte die Flut nicht halten können. Das Gefühl überrollte sie und füllte jeden Winkel und alle verborgenen Bereiche ihres Wesens aus.

Es war Liebe. Es war wunderbar. Und diese Liebe richtete sich einzig und allein auf dieses zerbrechliche Menschlein in ihrem Arm.

Als Skylar einen Finger zu ihrem Baby ausstreckte, hob sich der Arm ihrer Tochter und – für einen flüchtigen Moment – legten sich kleine pralle Finger um ihn. Dann ließen sie Skylars Finger wieder los. Skylar lachte, aber das Lachen blieb ihr in der Kehle stecken. Ihr wurde bewusst, dass sie allzu bald gezwungen sein würde, ihr Baby ebenso loszulassen.

Während der nächsten zwei Tage, die Skylar noch in der Klinik verbrachte, überschüttete sie ihr bezauberndes kleines Töchterchen mit ungeteilter Aufmerksamkeit. Zum ersten Mal fragte sie sich, wie wohl das Leben ihres Kindes aussehen, welche Träume es träumen und welche Welten es erobern würde. Als sie darüber nachdachte, kam eine Wolke der Verzweiflung auf sie zu, die erst noch weit entfernt schien, dann aber immer schwärzer und dicker wurde. Skylar würde keinen Anteil am täglichen Leben ihrer Tochter haben. Sie hatten eine offene Adoption vereinbart. Auf diese Weise würde Skylar Kontakt zu ihrer Tochter aufnehmen können. Aber es würde ihr so viel fehlen – beinahe alles.

Adoption war die richtige Entscheidung, es war der Weg der Liebe. Aber der Gedanke daran brach Skylar das Herz, das sie gerade erst in sich entdeckt hatte.

Plötzlich war es Zeit. Das Ehepaar, das Skylar und ihre Mutter ausgesucht hatten, betrat das Zimmer. Byron war ein großer, etwa fünfzigjähriger Pastor. Lisa war eine waschechte Südstaatlerin mit dunklem Haar und einem lieben Lächeln. Im ersten Moment mochte Skylar sie überhaupt nicht.

Nach ein paar unbehaglichen Augenblicken, in denen sie sich unterhielten, trat eine Schwester an Skylars Bett, in dem sie lag und das Baby auf dem Arm hielt. Es war in eine weiche Paisley-Decke mit winzigen blauen Elefanten eingewickelt.

Skylar machte keine Anstalten, das Baby abzugeben. Tränen rannen über ihre Wangen. Sie räusperte sich und sah Lisa an. „Wie soll sie heißen?"

„Elisabeth", sagte Lisa leise, wobei sie immer noch in einiger Entfernung stand. „Elisabeth Marie."

Skylar konnte sich nicht mehr halten. Ihre Schluchzer kamen laut und heftig. Tränen strömten auf Elisabeths Gesicht und die blauen Elefanten.

„Bitte, Skylar", sagte die Schwester sanft. „Es ist Zeit."

Skylar jammerte und schüttelte den Kopf. Aber als die Schwester langsam und vorsichtig ihre Arme ausstreckte, um das Baby aufzunehmen, wehrte sich Skylar nicht. Sie liebte ihre Tochter so sehr – und doch wusste sie, dass sie sie loslassen musste.

Es war so seltsam, ihre Tochter – *Elisabeth* – in den Armen dieser Fremden zu sehen. Lisa lächelte das Bündel in ihren Armen an und sah dann wieder zu Skylar. Ihr Gesicht drückte eine merkwürdige Mischung aus Freude, Hoffnung und

Traurigkeit aus. Einen Augenblick lang starrte Lisa Skylar unverwandt an, dann drehte sie sich um und ging hinaus.

Auf einmal waren sie einfach weg.

Ihr Baby war weg.

* * *

Die Geburt ihrer Tochter hatte für Skylar alles verändert. Zum ersten Mal echte Liebe erlebt zu haben – und sie dann wieder zu verlieren –, war mehr, als sie ertragen konnte. Trotz der Nöte, die sie als Kind durchlebt hatte, war Skylar kontaktfreudig und gesprächig gewesen. Nun war es, als ob sie innerlich zusammenbrechen würde. Sie hatte nichts mehr, wofür es sich zu leben lohnte.

Skylar kehrte nach Baltimore zurück, wo sie mit ein paar Freunden zusammenzog und die Highschool beendete. Ihre Erinnerung an Elizabeth jedoch – die ihr zu heilig war, um sie nur einfach so hin und wieder hervorzuholen, und zu schmerzhaft, um lange darüber nachzudenken – verfolgte sie. Schließlich wandte sie sich einem alten „Freund" zu, um Trost zu finden: dem Heroin.

Depressionen und Drogen bedingten sich gegenseitig. Je schlechter sich Skylar fühlte, umso mehr brauchte sie den Heroinrausch; je mehr Drogen sie nahm, umso tiefer rutschte sie in den Abgrund der Hoffnungslosigkeit. Bald schon drehte sich alles nur noch um das Heroin. Sie konnte morgens nicht aufstehen, ohne sich gleich zu berauschen. Ohne die Droge konnte sie nicht zur Arbeit gehen oder schlafen. Wenn sie mehrere Stunden ohne eine Dosis auskommen musste, wurde sie ernstlich krank.

Sie war süchtig.

Zwei Jahre lang lebte sie für ihre Sucht. Sie hatte zwei Jobs gleichzeitig und lieh sich Geld von Freunden, um die Drogen zu bezahlen. Sie zahlte ihre Rechnungen nicht mehr. Ihre Haut nahm eine graugrüne Farbe an. Ihre Wohnung versank im Chaos. Fliegen summten über Stapel von dreckigem Geschirr, Maden krochen im Herd herum, Katzen hinterließen ihren Kot in jedem Zimmer – aber Skylar nahm es kaum war.

* * *

Es war ein Samstag, ein Tag wie jeder andere, als Skylar erwachte und sich ins Bad schleppte, um ihre morgendliche Routine zu beginnen. Der Rausch vom Vorabend ließ schon nach. Sie brauchte mehr.

Skylar füllte eine Spritze, band den Gürtel ihres Bademantels um ihren linken Oberarm und schlug mehrere Male mit der rechten Hand auf eine Vene. Es war schon immer schwierig gewesen, ihre Venen zu finden, aber an diesem Morgen war es völlig unmöglich. Sie bemühte sich mehrere Minuten lang, wobei ihre Versuche, die Nadel einzuführen, immer panischer wurden. Sie zog Blut aus beiden Armen, aber sie schaffte es nicht, das vernarbte Gewebe mit der Nadel zu durchstoßen.

Sie sank auf den Boden. *Ich bin so erbärmlich, dass ich es nicht mal schaffe, mir die Spritze zu geben.*

Sie fing an zu schluchzen, dann hämmerte sie mit der Faust gegen einen Schrank. Ihr Leben lang hatte sie sich um sich selbst gekümmert, weil es sonst niemand tat. Und jetzt, wo sie blutend auf dem Boden ihres Badzimmers lag, blieb ihr gar nichts mehr.

„Gott, ich kann so nicht weitermachen! Du musst mir helfen!"

Skylar hörte keine Antwort – aber dieses verzweifelte Gebet verhalf ihr zu einem neuen Ziel. Sie würde aufhören. Ganz egal, was es kosten würde, egal, wie viel Hilfe sie von anderen benötigen würde, sie würde aufhören.

Sie wollte von der Sucht frei werden.

Bald darauf zog Skylar zu einer Tante in Georgia, deren Sohn an Heroin gestorben war. Die nächsten sieben Tage und Nächte ertrug Skylar Schüttelfrost, Schweißausbrüche, Erbrechen und Panikattacken. Sie war völlig außer Kontrolle; Angstzustände und Reizbarkeit machten sie fast verrückt. Ihre Haut kribbelte und die Muskeln verkrampften sich. Ihr Körper schüttelte sich in Krämpfen, egal wie fest sie sich zusammenrollte.

Eine Woche lang war es die reine Tortur. Danach konnte sie zehn Tage lang nicht schlafen. Ihr Körper, schlaff und erschöpft vor lauter Müdigkeit, konnte nicht zur Ruhe kommen, bevor sein chemisches Ungleichgewicht sich endlich normalisiert hatte.

Sie spürte nur dann Erleichterung, wenn sie ihre Mutter anrief. Donna las Skylar am Telefon aus der Bibel vor und betete mit ihr. In diesen kurzen Momenten empfand Skylar Frieden und Liebe, und sie spürte, dass beides von Gott kam. In gewisser Weise war es die gleiche Art von Hochgefühl, das sie vom Heroin her kannte. Aber Skylar wusste, dass es trotzdem etwas ganz anderes war. Gott würde ihr nicht den Rücken kehren und sie ihrem Schmerz und ihrer Verzweiflung überlassen, wie sie es mit dem Heroin erlebt hatte.

Das hier war echte Liebe – die Art von Liebe, die Skylar gespürt hatte, als Elizabeth geboren wurde; die Art von Liebe, nach der sie ihr Leben lang gesucht hatte. Und sie wollte mehr davon.

Als Donna von *Wellspring* hörte und Skylar von unserem Programm erzählte, waren beide der Meinung, dass es genau das war, was Skylar brauchte, um wieder auf die Beine zu kommen und mehr über Gott zu erfahren. Sie wurde in unser Programm aufgenommen und im April 2003, als Skylar gerade zwanzig geworden war, kam sie zu uns.

An ihrem zweiten Tag bei uns im Haus begegnete ich ihr zum ersten Mal. Sie hatte gerade zu Mittag gegessen und kam aus dem Speiseraum, als ich den Hausflur betrat. Ich war sehr berührt von ihrer Schönheit – und davon, wie verletzt sie aussah. Sie war unglaublich dünn. Ihr langes blondes Haar bedeckte fast ihr Gesicht und ihre Schultern waren nach vorn gebeugt. Als ich sie ansprach, lächelte sie nicht und sah mir auch nicht in die Augen. Sie erinnerte mich an einen verletzten Hundewelpen.

„Du musst Skylar sein", sagte ich. „Ich bin Mary Frances Bowley. Ich freue mich sehr, dass du hier bist."

„Danke, dass Sie mich aufgenommen haben", antwortete sie leise.

Herr, betete ich, nachdem wir auseinandergegangen waren, *ich habe noch nie eine so schöne und höfliche Frau gesehen. Aber ich weiß, dass sich unter all dem Äußeren ein verletzter junger Mensch verbirgt. Bitte gib uns ein besonders feines Gespür dafür, wie wir Skylar helfen können, Heilung für ihre verborgenen Wunden zu finden.*

In den folgenden Monaten war Skylar in vieler Hinsicht ein mustergültiges Mitglied der Gruppe. In den Bibelstunden saugte sie förmlich jedes Wort auf. Während der Diskussionsrunden gab sie den anderen Mädchen oft einen weisen Rat. Sie schien ein ausgeprägtes Gespür dafür zu haben, die Probleme anderer junger Frauen zu erkennen und wie man am besten mit ihnen umgehen sollte.

Wenn es um ihre eigenen Bedürfnisse ging, kam Skylar jedoch weniger aus sich heraus. Häufig versteckte sie ihren Schmerz hinter Mauern von Distanziertheit und Kompetenz. Auch noch nach Monaten konnte es passieren, dass sie lieber nichts aß, als jemandem zu sagen, dass sie Hunger hatte.

Ganz allmählich jedoch ließen Skylars Mauern Risse erkennen. Wenn sie mit den anderen Mädchen Brettspiele spielte, konnte sie albern und scherzhaft sein. Langsam begann sie sich zu öffnen. Trotz ihres unabhängigen Wesens, das sich in den Jahren herausgebildet hatte, in denen sie so bedürftig war und allein gelassen wurde, war sie entschlossen zu lernen, anderen zu vertrauen und Gott die Kontrolle über ihr Leben zu überlassen.

Gott segnete Skylar für ihre ehrliche Haltung. Sie konnte ein Praktikum bei einem Gemeindeprojekt für Kinder in der Innenstadt von Atlanta absolvieren. Es war ein Volltreffer. Sie liebte es, mit jüngeren Kindern zu arbeiten, und baute in kürzester Zeit eine starke Bindung zu den rebellischsten unter ihnen auf. Jedes Mal, wenn sie im Wohngebiet dieser Kinder ankam, ließen diese alles stehen und liegen, um zu ihr zu laufen und sich von ihr in den Arm nehmen zu lassen.

Skylars Lieblingskind war ein Fünfjähriger namens Corey. Wann immer er bei ihr war, hüpfte er auf und ab und rief: „Halt mich! Halt mich! Halt mich." Einmal, als Skylar ihn zu einer Gemeindeveranstaltung abholen wollte, war er krank und musste erbrechen – aber er bettelte darum, trotzdem mitkommen zu dürfen. Er schlief während des ganzen Programms mit seinem Kopf auf ihrem Schoß.

Skylar schloss 2004 das *Wellspring*-Programm ab, aber bei einem Wiedersehenstreffen einige Monate später merkte ich erst, wie viel Fortschritte sie gemacht hatte und wie viel Gott weiterhin in ihrem Leben bewirkte.

Zu diesem Treffen an einem Sommerwochenende waren zehn Absolventinnen, eine Handvoll Mitarbeiter und ehrenamtliche Helfer gekommen. Jetzt war schon der Sonntagnachmittag und Zeit für die Abschlussrunde unserer Veranstaltung. Schräg einfallende Sonnenstrahlen schienen durch die Wohnzimmerfenster im *Wellspring*-Haus und gaben der Zusammenkunft zusätzliche Wärme. Eine nach der anderen ließen wir unsere „Ehemaligen" auf einem Stuhl in der Mitte Platz nehmen.

Dann stellten sich drei oder vier unserer ehrenamtlichen Mitarbeiter, die immer viel für die jungen Frauen beteten, um sie herum und erzählten Gott im Gebet von den Anliegen der jeweiligen jungen Frau. Für jede einzelne war es eine bewegende Erfahrung.

Skylar saß in einer Ecke des Zimmers und beobachtete wie immer alles sehr genau. Schließlich war sie an der Reihe. Sie war die letzte Absolventin, die geehrt werden sollte.

Bei Skylar gingen wir jedoch anders vor. Mary, eine unserer Ehrenamtlichen, nahm den Stuhl weg und bat Skylar, sich in die Mitte des Raumes zu stellen. Dann erklärte Mary, was als Nächstes geschehen sollte.

„Ich möchte, dass ihr alle hierherkommt und einen Kreis um Skylar bildet", sagte sie. „Die Israeliten brachten die Mauern von Jericho zum Einstürzen, indem sie sieben Mal laut rufend um sie herum liefen. Wir werden jetzt das Gleiche tun und Skylars Mauern niederreißen."

Mary erklärte, dass jeder im Kreis sieben Mal betend um Skylar herum gehen solle. Nach dem siebten Mal sollten alle rufen, springen und Gott loben und mit Skylar feiern – Skylar sollte dann selbst auch miteinstimmen.

Während Mary noch redete, stand Skylar mit ineinander verhakten Händen in der Mitte des Kreises. An ihrem Gesicht konnten wir ablesen, dass sie sich nicht sicher war, ob sie das durchstehen würde. Aber als die Gruppe sich in Bewegung setzte und für sie betete, veränderte sich langsam ihr Gesichtsausdruck. Sie ließ die Arme locker hängen. Es war, als ob sie endlich die äußere Hülle fallen lassen könnte, die sie so lange als Schutz um sich herum getragen hatte – und an der die Liebe und Anteilnahme, die andere ihr schenken wollten, abgeprallt waren.

Als die Gruppe mit der siebten Runde begann, lächelte Skylar tatsächlich in Vorfreude auf das, was kommen würde. Als die Runde vorbei war, hallte ein Schrei durch das Haus, den man wahrscheinlich in ganz Atlanta hören konnte. Jeder lachte, kicherte und dankte Gott für das, was er in Skylars Leben tat.

Skylar lachte ebenfalls und freute sich mit den anderen.

* * *

Heute, im Alter von dreiundzwanzig Jahren, ist Skylar ein wertvolles Mitglied der *Wellspring*-Mannschaft. Ihr Einfühlungsvermögen gegenüber anderen hilft ihr sehr, wenn sie Aufnahmegespräche führt und wenn sie unser Zwölf-Schritte-Regenerationsprogramm, die Kunsttherapie und Glaubensgrundkurse leitet. Ihre eigene Erfahrung als ehemalige Drogenabhängige ermöglicht es ihr, Mädchen mit demselben Hintergrund zu ermutigen.

Skylar arbeitet noch immer daran, ihr früheres und heutiges Leben miteinander in Einklang zu bringen. Sosehr sie sich auch wünscht, Elizabeth zu sehen, ist das letzte Wiedersehen doch vier Jahre her. Der Abschiedsschmerz ist für sie jedes Mal unerträglich. Skylar ist immer noch dabei zu lernen, was Liebe bedeutet, und Gott hilft ihr dabei. Sie weiß, dass er sie liebt und nie im Stich lassen wird und dass, selbst wenn er ihr schwierige Dinge beibringen muss, sie immer von seiner Liebe umgeben ist. Wenn sie daran denkt, wie Gott seinen Sohn am Kreuz hingegeben hat, erinnert sie sich an den Schmerz, den sie spürte, als sie Elizabeth weggeben musste – und so gelingt es ihr zumindest etwas, die Tiefe seiner Liebe nachzuempfinden.

„Gott ist einfach erstaunlich", sagt sie. „Er hat mein Leben total verändert. Ich weiß, dass ich nie mehr ohne ihn sein möchte."

Besonders beeindruckend ist es für mich heute, wenn ich Skylar dabei beobachte, wie sie anderen Menschen ihre Liebe schenkt. Kinder liegen ihr immer noch besonders am Herzen, und sie hat darum vor, mit drogenabhängigen Kindern zu arbeiten. Sie freut sich auch schon darauf, zu heiraten und wieder Mutter zu werden. Sie möchte sechs Kinder haben und plant, einige von diesen zu adoptieren.

Das Mädchen, das sich früher einmal so unbedeutend und ungeliebt fühlte, das nicht wusste, ob es selbst jemals würde lieben können, verfügt nun über einen unbegrenzten Vorrat an Liebe. Ich werde niemals müde, Gottes Wunder zu bestaunen. Dieses Wunder wurde aus Liebe geboren.

Meredith
Er ist für dich da

Meredith und ich trafen uns letzten Sommer an einem heißen Nachmittag in einem Waffelrestaurant im Norden von Atlanta. Wie immer sah Meredith umwerfend aus. Sie trug ein modisches, schwarzes Kleid, das perfekt zu ihren geflochtenen Haaren und ihrer dunklen Haut passte. Mit einer Länge von 1,83 Meter und ihrer zierlichen Figur hätte sie ohne Weiteres ein Model sein können.

Das einzige Puzzleteil, das nicht in diese bezaubernde äußere Erscheinung passte, war das, was neben ihr in unserer Sitzecke stand. Es war ein kleiner Autositz, in dem Merediths vier Monate altes Baby Christian lag.

„Er ist wundervoll", sagte ich, als Christian gähnte und die Augen schloss.

„Danke. Das finde ich auch – besonders, wenn er so schläft wie gerade jetzt", antwortete Meredith lachend. Zärtlich deckte sie ihren Sohn zu und schaukelte sanft seinen Sitz.

Sie wird wieder eine wunderbare Mutter sein, dachte ich. Meredith war schon immer eine Person gewesen, die für andere da war, die sich einfach gerne um andere kümmerte. Wenn nur die Menschen um sie herum sich ebenso gut um sie gekümmert hätten ...

* * *

Meredith wuchs in New York in einer Familie mit zwölf Brüdern und Schwestern auf. Sie wusste, dass ihre Eltern sie liebten, aber in dieser großen Familie, wo ein ständiges Kommen und Gehen war, hatte sie oft den Eindruck, übersehen zu werden.

Dass dies der Wahrheit entsprach, zeigte sich vor allem an dem Tag, als ihr Onkel sie sexuell missbrauchte. Sie war sechs Jahre alt. Ervin erklärte Meredith, dass er ihr „sehr wehtun" würde, wenn sie jemals jemandem erzählte, was er getan hatte. Er schlug sie, um ihr das einzuschärfen, also hielt sie ihren Mund.

Der Missbrauch und die Schläge wiederholten sich. Nach drei Jahren zog die Familie von New York und Merediths Onkel weg nach Richmond in Virginia. Endlich fühlte Meredith sich sicher, aber ihre Erleichterung war nur von kurzer Dauer. Einer ihrer älteren Brüder fing an, sie sexuell zu missbrauchen. Er drohte damit, sie umzubringen, wenn jemand davon erfahren sollte.

Die meisten Kinder, die Opfer sexuellen Missbrauchs werden, haben später im Leben Mühe damit, Grenzen zu setzen. Sie wurden mit einem Gefühl der Machtlosigkeit groß. Dabei verlieren sie die Fähigkeit, Nein zu sagen.

Meredith war darin keine Ausnahme. Sie begann, mit anderen Jungen zu schlafen, und wurde mit fünfzehn Jahren schwanger. Neun Monate später brachte sie einen Sohn zur Welt, den sie Taylor nannte.

Merediths Familie gehörte zu den Zeugen Jehovas. Als die Ältesten dort erfuhren, dass sie schwanger war, wurde sie aus der Gemeinde ausgeschlossen. Sie fühlte sich im Stich gelassen.

Von ihrer Familie erhielt sie auch nicht viel Unterstützung. Es gab einfach zu viele Kinder und zu viele Probleme. Obwohl sie erst sechzehn war, beschloss sie, mit ihrem Sohn auszuziehen und bei einer Schwester von Taylors Vater zu wohnen.

„Du wirst eines Tages zurückkommen", sagte Merediths Mutter zu ihr. „Es ist hart da draußen."

Es *war* hart, aber Meredith zog nie mehr zu ihren Eltern zurück. Stattdessen heiratete sie mit neunzehn Jahren Atiku, einen Nigerianer, der zehn Jahre älter war als sie. Meredith glaubt heute, dass sie damals eher einen Beschützer als einen Ehemann suchte – jemanden, der sich um sie und ihren Sohn kümmern würde.

Meredith und Atiku hatten beide mit ihrer Ehe zu kämpfen. Meredith wusste wenig über nigerianische Sitten und Gebräuche. Es fiel ihnen schwer, miteinander zu kommunizieren. Meredith war unglücklich. Sie setzte jedoch eine Maske auf und versuchte so zu tun, als ob alles in Ordnung wäre.

Der sexuelle Missbrauch in ihrer Vergangenheit machte sie zornig und bitter. Oft hatte sie deswegen Albträume. Aber sie vertraute sich Atiku niemals an. Sie war sich sicher, dass etwas Furchtbares geschehen würde, wenn sie ihr Geheimnis lüftete.

Nach sechs Jahren ließen Meredith und Atiku sich scheiden. Das Leben wurde für Meredith jedoch nicht leichter. Auf der Suche nach einem Neuanfang schloss sie sich einem Freund an und zog mit ihm nach Atlanta, aber die Beziehung war nicht von Dauer. Sie versuchte ein kleines Unternehmen zu gründen, aber es kam nie so richtig in Gang. Sie machte Pläne, eine Hilfsorganisation für Bedürftige zu gründen, wurde aber entmutigt und gab wieder auf. Da es ihr an der nötigen Berufsbildung fehlte, nahm sie jeden Job an, den sie bekommen konnte, um sich und Taylor über Wasser zu halten.

Als sie dreißig und Taylor fünfzehn war, verlor Meredith ihre Stelle als Sekretärin. Bis dahin war es ihr immer gelungen, etwas Neues zu finden, wenn sie entlassen worden war, aber dieses Mal schlugen all ihre Anstrengungen fehl. Als ein Freund ihr Geld anbot, um bei einer Begleitagentur für Geschäftsleute einzuspringen, sagte sie naiv zu. Es war der Beginn eines Abstiegs in die hässliche Welt der Prostitution.

Einmal damit angefangen, fühlte sich Meredith wie in einer Falle. Sie sah keine Möglichkeit, wieder aufzuhören und trotzdem für sich und Taylor sorgen zu können. Ihr innerer Schmerz, ihre Schuldgefühle und Scham überwältigten sie. Sie versuchte vor ihrem Sohn zu verbergen, was sie tat, und fühlte sich deswegen als Heuchlerin.

Warum habe ich das nur getan?, fragte sie sich immer wieder. *Wie konnte es so weit kommen?*

Als eine Freundin, die auch im Begleitservice tätig war, so depressiv wurde, dass sie sich selbst erschoss, erkannte Meredith, dass sie etwas tun musste – aber was?

Der einzige Lichtblick in ihrem bewegten Leben war ein Mann namens Julius. Er war Schauspieler und hatte ein umwerfendes Lächeln. Sie hatte ihn im Echelon kennengelernt, einem Nachtklub in Atlanta, in dem er auftrat. Sie hatten sich eine Zeit lang getroffen, aber Julius hatte die Verbindung beendet, als er entdeckte, dass Meredith beim Begleitservice arbeitete. Er war jedoch seitdem ein treuer Freund geblieben.

Eines Tages, als sie zusammen in einem Restaurant zu Mittag aßen, stellte Julius ihr die Frage, die sie ein Leben lang gefürchtet hatte.

„Meredith, ich habe bei dir bestimmte Merkmale entdeckt", sagte er leise. „Ich weiß nicht, wie ich dich auf eine andere

Weise danach fragen könnte, und will, dass du dir sicher sein kannst, dass ich dich als Freund frage. Bist du jemals sexuell missbraucht worden?"

Sofort versteifte sich Merediths Rücken. Sie kämpfte den Impuls nieder, wegzurennen. *Wie kann er das wissen? Was wird er tun?* Aber als sie in Julius' Augen sah, war darin kein verurteilender Blick zu erkennen. Sie sah nichts als Mitleid.

Sie bedeckte ihr Gesicht mit den Händen. Sie war dreißig, aber sie fühlte sich wie ein verängstigtes Kind. Mit ganz leiser Stimme antwortete sie: „Ja."

Zum ersten Mal erzählte Meredith, was ihr so viele Jahre zuvor geschehen war. Julius hörte einfach zu, in seinen Augen standen Tränen. Meredith hatte immer noch Angst, jetzt, wo ihr Geheimnis bekannt war. Aber sie fühlte auch eine riesige Welle der Erleichterung. Endlich konnte sie ihre Last mit jemandem teilen.

Julius ermutigte sie, beim Begleitservice aufzuhören und einen Therapeuten aufzusuchen. Aber als die Gefühle, die sie so lange unterdrückt hatte, während der Therapie herauskamen, fiel sie in eine tiefe Depression. Die meiste Zeit blieb sie im Bett. Taylor musste das Kochen für sie beide übernehmen, wenn er aus der Schule kam.

Emotional wie auch finanziell war Meredith völlig überfordert. Sie ging nicht mehr zu ihrem Therapeuten und meldete sich wieder bei der Begleitagentur.

Julius machte sich Sorgen um Meredith, hatte aber den Eindruck, dass er ihr nicht mehr helfen konnte. „Ich glaube, wir können uns eine Zeit lang nicht mehr sehen", sagte er. „Ich werde immer dein Freund sein, aber ich glaube, dass Gott es so möchte."

Meredith verlor jegliche Kontrolle. Sie hatte nicht genug Geld. Sie konnte nicht so tun, als ob sie funktionierte. An einem Mittwoch, als Meredith nach Hause kam, fand sie eine Notiz an der Wohnungstür, in der man ihr mitteilte, dass die Wohnanlage unter neuer Verwaltung sei und man ihren Mietvertrag nicht verlängern werde.

Meredith wusste, dass sie mit ihrer Miete im Verzug war, aber die vorherigen Eigentümer hatten ihr immer erlaubt, zu bleiben, wenn sie eine Nachzahlung geleistet hatte. Sie lief zum Verwaltungsbüro der Wohnanlage.

„Ich habe das Geld bald", erklärte sie. „Ich kann Ihnen eine Nachzahlung geben."

„Es tut mir leid", sagte die Frau dort. „Unsere neue Verwaltung verlängert Ihren Vertrag nicht. Alles, was am Dienstag noch in Ihrer Wohnung steht, wird auf die Straße gestellt."

Meredith war am Boden zerstört. Wenn sie die Wohnung verlor, würde sie Taylor zu seinem Vater nach Philadelphia schicken müssen. Sie hatte schon Julius verloren. Nun verlor sie ihre Wohnung und ihren Sohn. Was war ihr noch geblieben?

So schmerzhaft es auch war, Meredith schickte Taylor fort. Sie hatte keine andere Wahl. Sie zog zu Janelle, einer Freundin aus dem Begleitservice. In den dann folgenden Monaten fühlte sie sich wie betäubt. Meredith funktionierte nur noch. Sie hatte alle Hoffnung aufgegeben.

Eines Abends, als sie mit Janelle in deren Wohnung saß und mit ihr redete, spürte Meredith, dass sie am Ende war. Endlich war sie bereit, diesem Gefängnis, zu dem ihr Leben geworden war, den Rücken zu kehren.

„Janelle, ich weiß nicht, was ich tun werde, aber das war's für mich", sagte sie. „Ich höre mit dem Begleitservice auf."

Merediths Freundin sah sie prüfend an und erkannte ihre Entschlossenheit. „Ich glaube dir", erwiderte sie.

Ganz plötzlich – oder vielleicht war es auch eine Eingebung des Himmels – dachte Meredith an Julius. Fast ein Jahr lang hatte sie ihn nicht gesprochen. Spontan hinterließ sie ihm eine Nachricht auf dem Anrufbeantworter und sagte ihm, sie würde gern mit ihm reden. Zwei Tage später saßen sie einander in einem Restaurant gegenüber.

Meredith war froh, ihn zu sehen. Julius war immer für sie da, wenn sie ihn brauchte. Aber sie brachte es nicht über sich, ihm davon zu erzählen, dass sie ihre Wohnung verloren und Taylor weggeschickt hatte. Sie schämte sich zu sehr.

Aber Julius spürte, dass etwas nicht stimmte. „Meredith, ich werde immer dein Freund sein", sagte er. „Du kannst mir die Wahrheit sagen." Da hielt sie es nicht mehr aus und erzählte ihm alles.

Julius lud Meredith in einen Bibelkreis seiner Gemeinde ein. Sie hatte keine Ahnung, was es bedeutete, Jesus zu vertrauen oder eine persönliche Beziehung zu ihm zu haben. Sie verstand nicht wirklich, wovon die Leute dort redeten. Aber sie fühlte sich sicher und entspannt, wenn sie mit ihnen zusammen war. Sie ahnte, dass diese Männer und Frauen einen Frieden hatten, der in ihrem Leben fehlte.

Als Meredith nach der Bibelstunde allein war, versuchte sie mit Gott zu sprechen. „Herr, ich weiß nicht, was ich hier soll", sagte sie. „Aber ich verspreche dir, dass ich nicht mehr zum Begleitservice zurückkehren werde. Zeig mir, was ich tun soll."

Ein Freund von Julius hatte von *Wellspring* gehört. Er erzählte Meredith davon, aber sie war sich nicht sicher, ob es für sie das Richtige war. Sie hatte ihr Auto fast abbezahlt und wusste, dass sie es verlieren würde, wenn sie sich bei *Wellspring* anmeldete. Sie wollte es unbedingt behalten. Es war der einzige Besitz, den sie noch hatte.

Ein paar Tage später lag sie nachts im Bett, als ein beunruhigendes Gefühl sie überkam. Sie fühlte Panik in sich aufkommen, so als ob gleich etwas Furchtbares geschehen würde. In der Dunkelheit ihres Schlafzimmers hatte sie plötzlich die Vision von zwei nebeneinanderstehenden Türen. Sie begriff, dass die eine Leben und die andere Tod bedeutete. Sie spürte, dass Gott sie rief und fragte: „Meredith, welche Tür wählst du?"

In dieser Nacht traf Meredith eine Entscheidung. Sie würde das Auto aufgeben – sie würde alles aufgeben – und bei *Wellspring* anfangen.

Diese beiden Türen waren so eindeutig, dachte sie. *Ich werde den Weg, den ich gegangen bin, nicht mehr weitergehen. Ich kann nicht. Ich spüre den Tod um mich herum. Ich wähle das Leben.*

An einem kalten Februartag zog Meredith ins *Wellspring*-Haus.

Sie war nervös, aber die freundliche Aufnahme, die sie durch die Mitarbeiter und die anderen Mädchen erfuhr, half ihr, sich wohler zu fühlen.

Meredith wollte Gott persönlich kennenlernen, wusste aber nicht, wie. Sie dachte über die Bibelverse nach, die in ihrem Zimmer an der Wand standen, um einen Hinweis zu bekommen. Ihr Zimmer war das violette, das gleiche Zimmer, das Danielle – das erste Mädchen bei *Wellspring* – gestaltet hatte, als sie dort wohnte.

Der Bibelvers auf der Innenseite der Tür schien Meredith ebenso anzusprechen wie damals Danielle. Sie las ihn immer und immer wieder: „Gebt acht, ich stehe vor der Tür und klopfe an! Wenn jemand meine Stimme hört und die Tür öffnet, werde ich bei ihm einkehren. Ich werde mit ihm das Mahl halten und er mit mir" (Offenbarung 3,20). Jeden Abend betete sie: „Herr, ich fühle, dass ich dich liebe, aber irgendetwas fehlt. Ich fühle diese persönliche Verbindung zu dir nicht. Bitte komm zu mir und hilf mir, dich kennenzulernen."

Eines Tages, ungefähr einen Monat später, setzte Meredith sich in ihr Zimmer, um Gott einen Brief zu schreiben. Sie wollte ihm danken, dass sie den Platz bei *Wellspring* bekommen hatte. Während sie schrieb, spürte sie auf einmal die Gegenwart Gottes. Die Worte, die aus ihrem Federhalter flossen, füllten schnell die Seite. Es war, als schriebe Gott selbst den Brief.

Meredith war überwältigt. *Danke, Herr!,* betete sie. *Du hast dich mir gezeigt. Ich spüre wirklich deine Gegenwart.*

Kurz darauf, an einem warmen Sonntag im März, ging Meredith mit Dixie, einer unserer ehrenamtlichen Seelsorgerinnen, in einem Park in der Nähe des *Wellspring*-Hauses spazieren. Sie setzten sich auf eine Bank in der Nähe eines Ententeiches und redeten über Gottes Liebe zu seiner ganzen Schöpfung, besonders zu seinen Kindern.

„Wenn du Jesus in dein Leben einlädst, wird er sich um dich kümmern", sagte Dixie.

Meredith holte tief Luft. „Das will ich tun", antwortete sie. „Ich bin bereit."

Sie beteten, und Meredith nahm Jesus endgültig als Herrn und Erlöser in ihr Leben auf. Sie war ganz aufgeregt. Nie mehr würde sie allein sein.

Dixie half Meredith auch, die Wut und Bitterkeit gegenüber ihrem Onkel und ihrem Bruder zu verarbeiten, die sie schon so lange mit sich herumtrug. Sie half Meredith zu erkennen, dass

Gott ihren inneren Schmerz heilen wollte und wie ihre Situation sie näher zu ihm gebracht hatte. Am wichtigsten war für sie vielleicht, von Dixie zu hören, dass sie durch Vergebung schließlich ganz frei werden würde, auch wenn ihr das im Moment unglaublich schwer erschien.

In den Wochen danach saugte Meredith Gottes Liebe und Dixies Sanftheit und Weisheit förmlich in sich auf. Ganz allmählich ließ der Schmerz nach. Meredith lernte, all ihre Probleme Gott im Gebet zu sagen. In diesem Prozess entdeckte sie ein erfrischend neues Gefühl: Hoffnung.

Meredith war ein neuer Mensch, als sie *Wellspring* verließ. Die Albträume kamen nicht wieder. Sie hatte ihrem Onkel und ihrem Bruder den Missbrauch vergeben. Das Beste war, dass sie die persönliche Beziehung zu Jesus gefunden hatte, nach der sie sich so gesehnt hatte.

Sie verließ sich auch ganz auf ihn, als sie sich entschloss, ihrer Familie von dem sexuellen Missbrauch zu erzählen. Meredith sprach zuerst mit den meisten ihrer Brüder und Schwestern, danach mit ihren Eltern. Sie hatte große Angst davor, mit ihnen darüber zu sprechen, wusste aber gleichzeitig, dass es wichtig war, diese Hürde zu nehmen. So entdeckte sie, dass sexueller Missbrauch ein Geheimnis war, das ihre Familie schon seit Generationen versklavt hatte.

Nun war es kein Geheimnis mehr. Meredith wollte ihre Familie wissen lassen, dass sie mit Gottes Hilfe diese Kette durchbrochen hatte.

Das bewegendste Gespräch fand mehrere Wochen später statt, als Meredith in Begleitung ihres Vaters ihren Onkel in dessen Wohnung in New York mit allem konfrontierte. Sie saßen zusammen in seinem Wohnzimmer, Ervin auf einem

Sessel und Meredith und ihr Vater auf einem abgenutzten Sofa. Allein die Tatsache, sich mit ihrem Onkel in einem Raum zu befinden, erzeugte bei ihr eine Gänsehaut, aber sie war fest entschlossen, den Schmerz ihrer Vergangenheit zu beenden.

Nach ein paar unbehaglichen Nettigkeiten kam Meredith auf den Punkt.

„Ich bin nicht hierhergekommen, um dich zu verurteilen", sagte sie, wobei sie ruhig sprach und ihrem Onkel dabei in die Augen sah. „Aber ich war sechs Jahre alt, und du hast mich geschlagen und sexuell missbraucht. Ich will wissen, warum du mir so wehgetan hast."

Ervin schien bestürzt zu sein. „Weiß nicht, was du meinst", murmelte er nach einem Moment. „Das ist lange her."

Meredith redete weiter. Sie erklärte ihm, was in ihrem Leben geschehen war und wie sie seit jenen dunklen Tagen unter dem Schmerz und der Not gelitten hatte.

„Aber jetzt habe ich Jesus kennengelernt, und er hat mein Leben komplett verändert", erklärte Meredith. „Ich bin hierhergekommen, um dir die Freiheit zu zeigen, die Gott mir geschenkt hat. Ich weiß, dass er sie auch dir geben will."

Als Meredith und ihr Vater aufstanden, um zu gehen, weinte Ervin. „Ich glaube, ich erinnere mich, dass ich dich ein paar mal geschlagen habe", gab er zu. „An das andere kann ich mich nicht erinnern. Aber wenn ... wenn ich irgendetwas in dieser Art getan habe, bitte ich dich um Verzeihung."

Der Bruder, der Meredith missbraucht hatte, ist heute im Gefängnis. Sie hofft, eines Tages mit ihm das gleiche Gespräch führen zu können wie mit ihrem Onkel. Sie wünscht sich, dass jeder in ihrer Familie die Freiheit findet, die Jesus uns Menschen anbietet.

Merediths heutige Einstellung gegenüber dem Missbrauch in ihrer Kindheit mag manche Menschen überraschen. Meredith meint: „Manche Leute blicken zurück und sagen: ‚Ich wünschte, ich hätte das nicht erlebt.‘ Aber wenn ich sehe, wo ich heute stehe, sage ich zu Gott: ‚Wenn das ein Teil deines Plans für mich war, damit ich dorthin komme, wo ich heute stehe, dann würde ich es nicht ändern oder es zurücknehmen.‘ Ich bin einfach so dankbar, Gott in meinem Leben zu haben."

Meredith ist auch dankbar für einen weiteren Segen Gottes in ihrem Leben. Während ihrer Zeit bei *Wellspring* blieb Julius in Kontakt mit ihr und besuchte sie, wenn es ihm möglich war. Seine Liebe zu ihr war offensichtlich für uns alle – nur nicht für Meredith.

„Ihr zwei werdet einmal heiraten", neckte eines der Mädchen sie nach einem weiteren Wochenendbesuch von Julius. „Sei still, Ruthie", antwortete Meredith. „Julius ist ein sehr guter Freund, das ist alles."

An einem sonnigen Feiertag im September lud Julius Meredith ein, den Nachmittag mit ihm zu verbringen. Zu dieser Zeit hatte sie den ersten Teil des Programms durchlaufen und lebte bei einer ehrenamtlichen Gastfamilie.

Sie machten einen langen Spaziergang und genossen die ersten Anzeichen des Herbstes – die ersten Farbtupfer auf den Ahornbäumen entlang der Straße, die ersten Blätter auf den Gehwegen, zwei Grundschüler, die dort Fußball spielten. Für Meredith würde diese Jahreszeit in ganz verschiedener Hinsicht Veränderungen mit sich bringen.

Sie sprachen über Meredith, ihre Erfahrungen, die sie bei *Wellspring* machte, und über die erstaunlichen Veränderungen, die sie beide durchlebt hatten. Meredith staunte nicht zum ersten Mal darüber, wie wohl sie sich in seiner Nähe fühlte. Er war ein Geschenk von Gott.

Julius blieb stehen, als sie bei einer Schule vorbeikamen. Meredith sah sich um. „Dieser Ort kommt mir so bekannt vor", sagte sie. Sie sah nach oben und erkannte den Umriss eines Hinweisschildes, das sie schon einmal gesehen hatte. Ihre Augen weiteten sich.

„Hier war das Echelon!", sagte sie. „Hier haben wir uns kennengelernt!"

Julius lächelte. „Erinnerst du dich an den Abend?", fragte er. „Wir waren zwei kaputte Menschen, die versuchten, etwas Ganzes zu machen. Jetzt sieh mal, was Gott mit uns gemacht hat. Er musste uns trennen, damit jeder für sich Heilung erfahren konnte. Das konnten wir nicht selbst schaffen. Aber jetzt sind wir beide geheilt und sind wieder zusammen."

Julius ließ sich auf ein Knie nieder, und Meredith hielt den Atem an.

„Meredith, ich liebe dich und will den Rest meines Lebens mit dir teilen", sagte er. „Willst du mich heiraten?"

Meredith war verblüfft. *Warte mal, Gott,* dachte sie. *Ich dachte, du willst, dass ich in die Mission gehe.*

Als sie jedoch in die Augen dieses aufrichtigen, mitfühlenden Mannes sah, wurde ihr klar, dass Gott es schon längst gewusst hatte. Er hatte Julius für sie ausgesucht, noch bevor sie geboren war. Es war auf einmal so klar. Wie konnte sie jemals etwas oder jemand anderes wollen?

Der Anflug eines Zweifels huschte über Julius' Gesicht, als er sie beobachtete. Sie musste die Spannung auflösen.

„Ja, Julius", sagte sie, und im selben Moment grinste sie über das ganze Gesicht. „Ich will dich heiraten. Ja."

* * *

Ich dachte über all das nach, als ich mich mit Meredith an jenem warmen Tag im Waffelrestaurant traf. Meredith nutzte immer noch ihre wunderbaren Fähigkeiten, um für andere zu sorgen. Sie hatte eine Teilzeitstelle als Krankenschwester für Alzheimerpatienten und kümmerte sich um autistische Kinder. Sie gehörte einer Kleingruppe ihrer Gemeinde an und wollte Julius bei seiner Arbeit als Schauspieler unterstützen, indem sie die Buchungen und Aufträge für ihn organisierte. Beide waren sehr erfreut darüber, dass er jetzt von Schulen aus der Gegend angefragt wurde, um vor Studierenden zu spielen.

Natürlich hatte das kleine Freudenbündel, das von unserer Unterhaltung gar nichts wahrnahm, eine viel größere Priorität als alles andere. *Ja*, dachte ich, *Meredith wird alle Hände voll zu tun haben, sich in der Zukunft um alles Mögliche zu kümmern.*

Aber jetzt, mit Gott an ihrer Seite, war ich mir sicher, dass sie es schaffen würde. Dixies Worte an Meredith waren prophetisch gewesen. „Wenn du ihm dein Leben anvertraust, wird er sich um dich kümmern", hatte sie gesagt. Erst vor Kurzem hatte Meredith die Entdeckung gemacht, dass er sich von Anfang an um sie gekümmert hatte.

„Es ist ein solcher Segen, zur Familie Gottes zu gehören", sagte sie mir, wobei ihr Gesicht vor Freude strahlte. „Ich bete jeden Tag, dass sein Wille durch mich geschieht. Ich kann Gott in jedem Aspekt meines Lebens erkennen. Ich weiß gar nicht, was ich ohne ihn tun würde."

Mir geht es genauso.

Lily

Das Gesicht des Vaters

Die sechsjährige Lily rührte sich mit halb geöffneten Augen ein wenig unter ihrer Decke und seufzte zufrieden. Im Dunkeln lag sie in ihrem Bett, das Gesicht im Kissen vergraben. Ihr kleiner Körper erwachte gerade nach dem guten Schlaf einer langen Nacht.

Gelbes Licht drang durch den Spalt unter der Tür. Lily lächelte erwartungsvoll und zog ihre blau-weiße Lieblingsbettdecke – ein Geschenk von Nanny, ihrer Oma väterlicherseits – noch mal über die Schultern.

Da kam Daddy.

Sie hörte ein Klopfen an der Tür; dann wurde sie geöffnet. Mason Lawrence war 1,80 Meter groß, mit breiten Schultern und gestyltem, schwarzem Haar. Er war Geschäftsführer eines Elektrizitätswerks in der Gegend von Atlanta. An diesem Morgen trug er einen grauen Anzug mit marineblauer Krawatte. Mason durchquerte den Raum mit zwei großen Schritten, knipste die Nachttischlampe an und setzte sich vorsichtig zu seiner jüngsten Tochter auf die Bettkante.

„Guten Morgen, kleine Schlafmütze", sagte er.

„Hi, Daddy", antwortete Lily gähnend und mit einem Grinsen im Gesicht.

Mason legte seine große Hand auf Lilys Hinterkopf und ließ sie dort liegen. Sie mochte die Wärme dieser Berührung auf ihrem dunkelblonden Haar.

Mason schloss die Augen. „Lieber Gott", betete er, „bitte sei heute bei Lily. Gib ihr Zuversicht und Konzentration in der Schule. Schenke ihr Gunst bei den Lehrern. Und bitte leite und bewahre du sie an diesem ganzen Tag. Amen."

Lily setzte sich auf und schlang die Arme um ihren Vater. Diese Augenblicke waren für Mason die besten des ganzen Tages. *Herr, danke für meine Tochter,* betete er leise. *Du weißt, wie viel sie mir bedeutet. Ich weiß nicht, was ich ohne sie tun würde. Bitte pass gut auf sie auf – heute und immer.*

Nur ungern löste Mason sich aus der Umarmung und stand auf. „Ich liebe dich, meine Süße. Ich wünsche dir einen guten Tag. Wir sehen uns am Abend, wenn ich nach Hause komme."

Während ihrer Kindheit begann für Lily fast jeder Morgen auf diese Weise. Sie liebte es zu hören, wie ihr Vater für sie betete; besonders mochte sie seinen sanften Gesichtsausdruck, wenn er ihr Zimmer betrat. Das Zwinkern in seinen braunen Augen machte ihr das Leben lebenswert. Sie fühlte sich wertvoll und geliebt.

Jedes Kind würde Momente wie diese genießen. Aber Lily genoss die morgendlichen Begegnungen mit ihrem Vater umso mehr, als es auch die „anderen Zeiten" gab – Augenblicke, in denen der Ausdruck auf Masons Gesicht ein ganz anderer war, Momente, in denen seine Augen nicht zwinkerten.

Dieser „Blick", wie Lily es nannte, konnte so plötzlich wie ein Gewitter an einem Sommertag auftauchen: zusammengebissene Zähne, geschürzte Lippen, die Stirn in Falten und böse blitzende Augen. Es erschien immer nur dann, wenn Mason mit jemandem sehr unzufrieden war. Es war ein Ausdruck, der Abscheu und Missbilligung verriet. Und wenn dieser Blick Lily traf, dann wäre sie am liebsten vom Erdboden verschluckt worden.

Einmal bekam Lily diesen Gesichtsausdruck zu sehen, als sie neun war. Sie und ihre Freundinnen wollten sich einen leichteren Zutritt zu den benachbarten Tennisplätzen verschaffen. Also warf Lily das Vorhängeschloss weg, das am Eingangstor hing. Sie wusste, dass das nicht in Ordnung war. Als ihre Eltern es herausfanden, ließ ihr Vater sie von ihrem Taschengeld ein neues Schloss kaufen. Aber der schlimmste Teil der Strafe war bei Weitem der Ausdruck auf seinem Gesicht.

Als sie älter wurde, sah Lily diesen Blick auch bei anderen Fehlern, die sie beging, zum Beispiel, wenn sie vergaß, Geldabhebungen vom Bankautomaten im Familienhaushaltsplan zu notieren.

Das erste Mal, dass Lily diesen ernsten, missbilligenden Blick wahrnahm, geschah allerdings viel früher. Da war sie noch ein kleines Mädchen. Heute ist die Erinnerung an das, was an jenem Tag wirklich geschah, verschwommen – außer dem einen Moment, den sie für viele Jahre aus ihrem Gedächtnis verbannt hatte, der dann jedoch im Erwachsenenalter in ihren Träumen immer wiederkehrte.

Sie war drei Jahre alt. Es war bei einer Feier in ihrer Kirchengemeinde und sie befand sich in einer Toilette. Irgendwie war ein Grundschüler hineingekommen – wahrscheinlich hatte sie vergessen, die Tür zu schließen.

Der Junge fing an, sie zu berühren.

Plötzlich öffnete sich die Tür, und da stand ihr Vater. Er sah, wie Lily mit heruntergelassener Hose dastand und wie der Junge vor ihr sie anstarrte.

Lily ist sich nicht sicher, was geschah, bevor ihr Vater hereinkam. Am deutlichsten erinnert sie sich an den Ausdruck auf dem Gesicht ihres Vaters und was sie dabei empfand. Sie fühlte sich zutiefst verletzt. Aber als sie dann diese schockierende Mischung aus Wut und Abscheu in den Augen ihres Vaters sah, war sie sich erst recht sicher, einen furchtbaren Fehler begangen und ihren Vater so schwer enttäuscht zu haben, dass man es ihr niemals würde verzeihen können.

In jenem Moment wollte sie am liebsten tot sein.

Danach sprachen Lilys Eltern nie mit ihr über den Vorfall in der Kirche, und so verdrängte sie das ganze Erlebnis aus ihrem Bewusstsein. Aber ihre ganze Kindheit hindurch – vielleicht aufgrund dieses furchtbaren Erlebnisses in der Toilette der Gemeinde – suchte Lily verzweifelt die Anerkennung ihrer Eltern, insbesondere die ihres Vaters.

Aber sosehr sie sich auch bemühte, sie fühlte sich nie ganz geliebt oder angenommen. Sie empfand sehr viel Druck bei sich zu Hause. Ihre Eltern waren in ihrer Jugendzeit Hippies gewesen, aber als Erwachsene sehr karriereorientiert geworden und hatten ganz klare Erwartungen an ihre beiden Töchter.

Da war dieser Tag in der vierten Klasse, als Lily in einem Vokabeltest einen Fehler machte und so knapp die Note Eins verpasste. Als sie es ihrer Mutter erzählte, hörte Lily die Enttäuschung in deren Stimme: „In dieser Familie wird keine Zwei geschrieben." Lily hatte verstanden. Sie fürchtete sich davor, schlechtere Noten als eine Eins nach Hause zu bringen.

Um ihren Eltern zu gefallen, wurde Lily selbst zu einer Person, die nach Erfolg strebt. Sie erreichte gute Noten. Sie nahm an Sportwettkämpfen teil: Fußball, Schwimmen, Gymnastik. Sie war Cheerleader. Sie sang in Chören. Sie wünschte sich so sehr, dass ihre Eltern stolz auf sie wären, aber was auch immer sie tat, es war nie genug. Sie hatte den Eindruck, dass ihre Familie sie immer als unzulänglich ansah.

Es wurde nicht besser, als Lilys Oma, Nanny, ihr sagte, sie werde zu dick. Als Lily sich deswegen bei ihrem Vater beschwerte, verteidigte er Nanny und sagte, sie meine damit dass Lily „gesund" aussehe. Lily fühlte sich verletzt und im Stich gelassen.

Im Alter von nur zwei Jahren hatte Lily nach einer Kinderstunde in der Gemeinde Jesus in ihr Herz eingeladen. In den Jahren danach glaubte sie an Gott und verstand auch, dass sie ihn brauchte. Aber genauso wie sie glaubte, die Liebe und Aufmerksamkeit ihrer Eltern nicht zu verdienen, fühlte sie sich auch unwürdig, ein Kind Gottes zu sein. Unbewusst fühlte sie sich innerlich getrieben, erfolgreich zu sein, um Gottes Anerkennung zu erlangen.

Während ihrer frühen Jahre in der Highschool gab Lily alles für dieses Ziel. Sie ging zu Bibelstunden, Gebetstreffen, Chorproben und Treffen für Jugendleiter. Lily war ein „christlicher Bilderbuch-Teenie". Aber ihr Ansatz war völlig verkehrt – sie arbeitete hart, um sich Gottes Gnade zu verdienen.

Mit fünfzehn Jahren freundete sie sich mit Jack an und ging eine Beziehung mit ihm ein. Sie erklärte ihm von Anfang an, dass sie bis zur Ehe keinen Sex haben wollte. Aber Jack hatte keine Lust zu warten. Er versuchte alles, um sie zu überreden, aber sie blieb standhaft. Dann eines Abends im Sommer vergewaltigte er Lily auf dem Rücksitz seines Autos.

Lily war am Boden zerstört. Sie schämte sich zu sehr, um es ihren Eltern zu erzählen. Und sie fühlte sich von Gott betrogen.

Okay, Gott, ich hatte immer den Eindruck, nicht gut genug für dich zu sein, sagte sie zu ihm. *Jetzt hatte ich endlich mein Leben im Griff, habe nur noch für dich gelebt, und jetzt das? Wozu soll das gut sein?*

Lily begann, ein Doppelleben zu führen. Nach außen hin schien sie ein glückliches, verantwortungsbewusstes, reifes christliches Mädchen zu sein, das weiterhin in der Schule die besten Noten erzielte und sich aktiv in der Gemeinde engagierte. Aber innerlich fühlte sie sich elend und war auf der Suche. Ihre Beziehungen zu Jungen wechselten häufig und mit jedem schlief sie.

Während ihrer Collegejahre in Georgia bekam die Maske, die Lily nach außen hin aufsetzte, allmählich Risse. Sie fing an, gelegentlich zu trinken und Drogen zu nehmen. Sie nahm einen Job als Restaurant-Managerin an; die Doppelbelastung durch Arbeit und Schule brachte sie dazu, den Alkohol- und Drogenkonsum zu steigern. Lily hatte einen Freund nach dem anderen, ließ aber keinen von ihnen nah an sich heran. Zu ihren Eltern sagte sie damals: „Ich bin mir nicht sicher, was ich glaube, aber wenn Gott zu mir reden will, dann muss er aufhören, es durch euch oder andere zu tun. Er muss selbst zu mir reden. Ich habe genug davon, zu glauben, nur weil ihr mir sagt, dass ich glauben soll."

Lily ließ ihre Abschlussfeier am College sausen und ging stattdessen zur Hochzeit eines Freundes. Dort traf sie Alex, ihren ersten Freund aus der Mittelschule. Sofort wurden alte Gefühle wieder wach; sie wurden wieder ein Paar. Es machte Lily nichts weiter aus, als sie bemerkte, dass Alex regelmäßig sowohl Alkohol als auch Drogen konsumierte. Sie war einfach glücklich, mit jemandem zusammen zu sein, der sie so anzunehmen schien, wie sie war.

Ohne es zu bemerken, geriet Lily in eine Achterbahn, die nur noch abwärtsführte. Mit Alex zusammen ging sie oft auf Partys und konsumierte mehr und mehr Kokain und Ecstasy.

Lily nahm eine Stelle in einer Investmentfirma in Atlanta an. Als junge Frau, die frisch vom College kam, war es wieder einmal ein großer Erfolg, aber der Druck war enorm. Lily fing an, auch unter der Woche Kokain zu nehmen, damit sie abends die Energie hatte, alles zu erledigen.

Als Nächstes begann sie, Kokain zu verkaufen, um ihren steigenden Drogenkonsum finanzieren zu können. Je mehr Drogen sie nahm, desto deprimierter und einsamer wurde sie. Innerhalb von nur drei Monaten musste sie viermal in die Notaufnahme des Krankenhauses wegen Niereninfektionen, die die Drogen verursacht hatten.

Eines Tages stand Lily im schwarzen Kostüm und mit hochhackigen Schuhen in ihrem Büro im zwölften Stock und starrte aus dem Fenster auf die Skyline von Atlanta. Sie hatte gerade ein Gespräch mit ihrem Chef gehabt, aber war so voller Kokain, dass sie schon wieder vergessen hatte, was er gesagt hatte. *Was geschieht mit mir?*, dachte sie. *Ich kann so nicht weitermachen.*

An einem anderen Tag sprach sie bei der Arbeit so undeutlich, dass sie von einer Freundin nach Hause gefahren werden musste. Ihr Chef verwarnte sie. Alex stellte sie wegen ihres Drogenkonsums zur Rede; sie stritten. Lily wurde paranoid; sie dachte, jemand würde sich in ihrer Wohnung verstecken und planen, sie zu töten.

An einem Montag im Mai nach einem Wochenende, an dem es ununterbrochen Auseinandersetzungen mit Alex gegeben hatte, fand Lilys Schwester sie auf dem Sofa zusammengerollt in ihrer Wohnung. Sie war nur noch ein Wrack.

„Anna, ich will nicht mehr leben", sagte Lily weinend. „Ich gehöre nicht in diese Welt. Ich sehe einfach keinen Sinn mehr."

Auch ihren Eltern gegenüber bekannte sich Lily zu ihrem Zustand. Bei einem Mittagessen am Vatertag brach sie zusammen und gab zu, Alkohol und Kokain konsumiert und mit Drogen gehandelt zu haben. Sie konnte die Sorge und Enttäuschung in ihren Gesichtern lesen.

Ein paar Tage später, nachdem sie eine ganze Nacht lang bei einem nahe gelegenen College Drogen verkauft und zu sich genommen hatte, verursachte Lily auf dem Weg zur Arbeit einen Auffahrunfall. Sie fuhr wieder nach Hause, von wo aus sie später ihren Chef anrief. Sie kamen darin überein, dass Lily nicht länger in der Firma bleiben könne.

Im August desselben Jahres fuhr Lily zu ihren Eltern und sprach mit ihrer Mutter. Sie hatte keine Arbeitsstelle mehr und musste Antidepressiva nehmen. Sie hatte ihren Kokainkonsum eingeschränkt, verkaufte aber immer noch Drogen und häufte finanzielle Schulden an.

„Mama, ich habe diese Leere so satt", sagte Lily. „Ich weiß nicht, was ich tun soll."

Lilys Mutter rief ein paar Bekannte an. Dann brachte sie Lily zum Haus ihres früheren Jugendpastors. Dort trafen sie sich mit dem Pastor, drei Frauen, die in Lilys Teenagerzeit ihre Mentorinnen gewesen waren, und ihrem Vater. Sie versammelten sich um Lily, legten ihr die Hände auf und beteten, dass Gott sie heilen und von allen Zwängen befreien möge.

Als Lilys Vater, Mason, an der Reihe war, brach er fast zusammen. Seit jenen morgendlichen Begegnungen in Lilys Zimmer, als sie noch ein kleines Mädchen war, hatte er nie aufgehört, für seine Tochter zu beten, aber nun schien es, als würde das nichts ändern. Er fühlte sich hilflos. Was war mit Lily geschehen? Was konnte er tun? Hörte Gott ihn noch?

Als sie fertig waren, sagte Lily: „Ich fühle mich noch nicht frei."

„Egal, ob du es fühlst oder nicht", sagte der Pastor, „du bist frei."

Die Worte des Pastors erinnerten Mason an die unbegrenzte Macht des Gebets. In diesem Moment fasste er einen Entschluss. Gott hörte seine Gebete *zu jeder Zeit,* und er war immer noch die einzige Antwort. Er würde das Gebetsnetzwerk seiner Gemeinde in Anspruch nehmen, um für Lily zu beten. Es war alles, was sie tun konnten, aber wenn Gott sie erhörte, dann wären ihre Gebete mehr als genug.

Lily steckte weiterhin in Schwierigkeiten. Sie lebte nach wie vor mit Alex in ihrer gemeinsamen Wohnung. Die Auseinandersetzungen wurden immer häufiger und heftiger. Als Lily schließlich eines Abends allein in die Stadt ging, um sich eine Nacht lang zu amüsieren, rief Alex sie auf dem Handy an. Er war außer sich. Er beschimpfte sie auf übelste Weise. „Du bist wertlos", sagte er. „Deine Eltern tun mir leid."

Ihre Beziehung war vorbei und Lily völlig am Ende. Sie fühlte sich hilflos und allein. Bei dem Versuch, sich den Respekt und die Zuneigung der Menschen zu verdienen, die ihr am meisten bedeuteten, hatte sie sich nur von ihnen entfremdet und ihr eigenes Leben ins Chaos gestürzt. Der Gott, dem das alles egal zu sein schien, war alles, was ihr geblieben war.

Drei Tage später willigte sie ein, sich mit einer ehemaligen Zimmerkameradin vom College bei einem Gottesdienst in einer Nachbarstadt zu treffen. Sie versprach sich zwar nicht viel davon, hatte aber auch nichts Besseres zu tun. Sie hatte schon einen Kokainrausch, als sie an jenem Abend die Kirche betrat, und ein weiteres Päckchen mit Kokain steckte in ihrer Hosentasche. Sie fand ihre Freundin in der hinteren Sitzreihe, ging dann aber noch zur Toilette. In dem Moment, als sie dort ankam, hörte sie nach all den Jahren, die sie mit Zweifeln und dem Warten auf das Reden Gottes zugebracht hatte, eine Stimme in ihrem Inneren: *Wirf das Zeug weg. Ich werde dich heute Abend befreien.*

Lilys Herz schlug auf einmal doppelt so schnell. Gott sprach zu ihr!

Wie betäubt ging Lily zurück zu dem Platz, wo ihre Freundin saß. Aber es standen so viele Leute im Mittelgang, dass sie nicht durchkam. Plötzlich wurde ihr klar, was sie zu tun hatte. Sie kehrte um und ging den gleichen Weg wieder zurück zu den Toiletten. Sie warf den Beutel mit dem Kokain in das WC, betätigte die Spülung und ging wieder hinaus.

Dieses Mal war der Weg zu ihrem Platz frei.

Der Pastor sprach an diesem Abend über die Worte des Apostels Paulus: „Wenn also ein Mensch zu Christus gehört, ist er schon ‚neue Schöpfung‘. Was er früher war, ist vorbei; etwas ganz Neues hat begonnen" (2. Korinther 5,17).

Als Lily diesen Vers hörte, füllten sich ihre Augen mit Tränen. Für sie war jedes Wort ein Rettungsseil.

Ich verstehe, dachte Lily. *Zum ersten Mal begreife ich, was das bedeutet. Alles, was vorher war, ist vorbei – nicht nur meine dummen Fehler, die mich zugrunde gerichtet haben, sondern auch die Fehler und die Schuld der anderen, die sich über meinem Leben ausgebreitet haben, sodass ich mich schmutzig und wertlos fühlte. Auch das ist vorbei!*

Als der Pastor am Schluss des Gottesdienstes die Leute einlud, nach vorne zu kommen, um für sich beten zu lassen, stand Lily von ihrem Stuhl auf und ging den Mittelgang entlang. Ihre

Freundin folgte ihr. Als Lily an einer der Sitzreihen vorbeikam, winkte ihr jemand zu. Lily blieb stehen, um zu sehen, wer es war. Es war Alicia, eine alte Freundin, mit der sie schon als Kind zur Gemeinde gegangen war. Sie umarmten sich kurz und Lily sagte: „Würdest du mit nach vorne kommen und für mich beten?"

Beide Mädchen folgten Lily nach vorn. Dann stellte sich auch noch Diane zu ihnen, eine junge Frau, mit der Lily vor ein paar Wochen zu Abend gegessen hatte. Alle drei legten Lily die Hände auf und baten Gott, ihr Frieden und Heilung zu schenken.

Als sie ihre Gebete beendet hatten, beugte sich Diane zu Lily vor. „Lily", sagte sie leise, „Gott möchte, dass du weißt, dass es nicht Gottes Wille für dich war, als dieser Junge dich vergewaltigt hat. So etwas widerspricht Gottes Wesen."

Lily spürte augenblicklich eine Veränderung in ihrem Geist. Sie wusste, dass Diane recht hatte, dass Gott sie liebte und sie in jener Nacht nicht verlassen hatte. Lily war von einem neuen, mächtigen Gefühl der Befreiung überwältigt.

Das war es also!, dachte sie. *Darum konnte ich vor einem Monat keine echte Befreiung erleben, als die anderen für mich gebetet haben. Herr, es tut mir so leid, dass ich so böse auf dich war.*

An diesem Abend sagte Lily zu ihrer Mutter: „Ich bin bereit, mich behandeln und mir helfen zu lassen. Wenn du denkst, dass ich das tun sollte, dann will ich es jetzt."

Ihre Mutter schien den Atem anzuhalten. „Lily", sagte sie, „dein Vater und ich haben sehr lange dafür gebetet, diese Worte von dir zu hören."

Auf Empfehlung eines guten Freundes der Familie nahm Lily eine Therapie in Utah in Anspruch. Dort verbrachte sie zweiundvierzig Tage und Nächte in einer wüstenähnlichen Umgebung – und begegnete Gott.

„Ich war weit weg von allen Ablenkungen, von allem, was Menschen geschaffen haben", erzählte sie später. „Auf einmal erkannte ich meinen Schöpfer und meinen Platz in der Schöpfung. Alles wurde so viel klarer. Es war, als ob Gott die Wunden meiner Vergangenheit reinigte."

Einen Teil ihrer Zeit in der Wüste verbrachte Lily mit Fasten und Beten. Eines Morgens hatte sie den Eindruck, Gott wollte ihr etwas sagen: „Lily, ich habe dir einen neuen Namen gegeben, und dieser Name ist Kathrin."

Lily hatte nichts zum Schreiben dabei. Sie befand sich aber nahe bei einem Flussbett, also suchte sie sich ein Stöckchen und schrieb ihren neuen Namen immer wieder in den Sand. Als sie am nächsten Morgen von der Sonne, die durch einen Spalt in der Felsformation über ihr schien, geweckt wurde, stand der Name Kathrin immer noch am Ufer des Flussbetts. Um sich an dieses Erlebnis zu erinnern, hob Lily einen weißen Stein in Form eines Dreiecks auf und legte ihn in ihren Rucksack.

Erst später, als Lily einen Brief von einer Freundin erhielt, entdeckte sie den Vers, der für sie dann eine besondere Bedeutung annahm: „Jeder und jede von ihnen wird einen weißen Stein bekommen; darauf steht ein neuer Name, den nur die kennen, die ihn empfangen" (Offenbarung 2,17). Als Lilys Mutter ihr die Bedeutung des Namens *Kathrin* nannte – „rein" –, war es eine weitere Bestätigung, dass Gott dabei war, auf eine neue und aufregende Weise in Lilys Leben einzugreifen.

Nach der Zeit in Utah wusste Lily, dass sie noch mehr Hilfe brauchte, um von ihrer Drogensucht loszukommen und ein neues Leben zu beginnen. Sie hörte von unserem Angebot bei

Wellspring und zog es in Betracht, sich bei uns anzumelden, hatte dann jedoch den Eindruck, dass sie in ein Übergangshaus in Statesboro in Georgia ziehen sollte. Das säkulare Programm, an dem sie dort teilnahm, behandelte auch einige ihrer Probleme, rührte aber nicht ihren Geist an. Sie brauchte mehr.

Zur gleichen Zeit wurde das Gebetsnetzwerk für Lily erweitert. Ihr Vater las ein Buch über anhaltendes Gebet, das ihn dazu inspirierte, noch mehr in Aktion zu treten. Mason bat weiterhin um Unterstützung durch die Fürbitter der Gemeinde, nahm an den morgendlichen Gebetstreffen der Männer teil und stellte ein Team zusammen, das ausschließlich deshalb zusammenkam, um konkret für Lily zu beten. Außerdem trafen sich ihre Eltern jetzt mit einer Gruppe von Ehepaaren, deren Kinder auf Abwege geraten waren.

Kurz darauf hatte Lily den Eindruck, sie sollte noch einmal mit Aubrie, unserer Programmleiterin, sprechen. „Es ist erstaunlich", sagte Aubrie zu ihr. „Als du vor ein paar Monaten darüber nachdachtest, zu uns zu kommen, wurde die Warteliste leer, als dein Name daraufgesetzt wurde. Als du dich dann für das Übergangshaus entschieden hast, wurde die Warteliste wieder voll. Jetzt interessierst du dich zum zweiten Mal für *Wellspring*, und die Warteliste ist erneut leer. Offensichtlich sollten wir dich kennenlernen. Du solltest zu uns kommen."

Lily erfuhr auch, dass wir die Hoffnung hegten, *Wellspring* zu einem internationalen Dienst auszubauen. Das brachte eine weitere Saite in ihrem Herzen zum Klingen.

„Als ich zwölf war, spürte ich, dass Gott mich rief, Missionarin zu werden", erklärte Lily. „Aber nach all diesen Jahren, in denen ich in die entgegengesetzte Richtung gelaufen war, dachte ich, dass Gott diesen Traum nie wieder neu in mir ins Leben rufen würde. Heute denke ich aber, dass Gott einen größeren Plan hat. Er nimmt seine Gaben und seine Berufung nicht zurück, und ich glaube, dass ich ihm eines Tages auf der anderen Seite der Welt dienen werde. Das könnte ohne Weiteres durch *Wellspring* geschehen."

Mit dreiundzwanzig Jahren zog Lily bei uns ein. Während einer der Unterrichtsstunden verband Lily auf einem Blatt Papier Linien, die das Muster ihres Lebens ohne Gott darstellen sollten. Als sie fertig war, sah das Bild, das sie gezeichnet hatte, wie ein großes Wollknäuel aus.

Das ergibt einen Sinn!, dachte Lily. *Jetzt erkenne ich, warum ich die ganze Zeit so mit mir selbst im Unreinen war. Ich habe all diese Jahre damit verbracht, Leistung zu bringen und perfekt zu sein. Ich habe ohne Gott versucht, ihm zu gefallen, statt mich von ihm abhängig zu machen.*

Die Wurzel für Lilys leistungsorientierte Haltung wurde vermutlich an dem Tag gelegt, als sie nur drei Jahre alt war. Während einer Gebetszeit mit einer unserer Mentorinnen, die mit den jungen Frauen zusammenleben, und einer ehrenamtlichen Seelsorgerin gewann Lily eine neue Perspektive bezüglich der Geschehnisse jenes Tages.

„Dieses Erlebnis beeinflusste die Beziehung zu meinem Vater, meine Fähigkeit, anderen zu vertrauen, und mein Selbstwertgefühl", erklärte mir Lily kürzlich. Sie musste schlucken, bevor sie weitersprach. „Ich dachte, dass mein Vater böse auf mich war und enttäuscht von mir. Er war jedoch abgestoßen von dem, was er sah, und wütend, dass meine Unschuld so ausgenutzt wurde. Er wollte mich beschützen.

Auch Gott war da. Er hatte mich nicht verlassen. Er wusste, dass er mich heilen konnte. Während dieser Gebetszeit mit euch sagte er mir, dass ich nicht im Einzelnen wissen muss, was damals geschah, dass ich auch über die Absichten des Jungen nicht genau Bescheid wissen muss. Ich soll nur wissen, dass seine Gnade ausreicht und dass er am Kreuz für mich *und* für den Jungen gestorben ist. Wir beide brauchen seine Vergebung im gleichen Maß. Das hat es mir ermöglicht, dem Jungen zu vergeben."

Die Entdeckung der tiefen Liebe, die ihre beiden Väter – der irdische wie auch der himmlische – ihr Leben lang für sie empfunden hatten, veränderte Lilys Beziehung zu beiden.

„Ich erkenne, dass es in Ordnung ist, einfach ich selbst zu sein, so zu sein, wie Gott mich geschaffen hat", sagt Lily. „Ich stehe meiner Familie genauso nah wie auch früher schon, aber es gibt zwischen uns ein neues Verständnis von Echtheit und Wahrheit. Und besonders gegenüber meinem Vater fühle ich mich heute frei."

Diese neue Freiheit wurde an einem Abend besonders deutlich, als Lily schon sechs Monate bei uns war. Sie und zwei andere Mädchen hatten die Hälfte unseres Programms durchlaufen. Diese Etappe feiern wir immer mit einem festlichen Abendessen. Im Haus eines unserer Sponsoren gab es für unser Team und die Familien der drei Mädchen Spaghetti, Salat und gebratene Hähnchenflügel. Danach erzählte jedes Mädchen ein besonderes Erlebnis aus seiner Zeit bei *Wellspring*.

Viel zu früh war es Zeit, den Abend zu beenden. Wir forderten Lily und die anderen beiden Mädchen auf, sich zusammen in die Mitte des Raumes zu setzen. Die Familien stellten sich um sie herum. Dann baten wir die Väter der Mädchen, sich hinter ihre Tochter zu stellen, die Hände auf ihre Schultern zu legen und ein Segensgebet zu sprechen.

Als Mason an der Reihe war, sah ich, wie er seine Augen schloss und Lilys Schultern noch etwas fester umfasste. Ich dachte: *So vieles hat sich geändert seit der Zeit, als dieser stolze Vater jeden Morgen in das Zimmer seines kleinen Mädchens schlüpfte, um für sie zu beten, bevor er zur Arbeit fuhr. Aber dennoch – vielleicht hat sich gar nicht so viel verändert. Er überschüttet seine Tochter noch immer mit seiner Liebe. Er wünscht ihr noch immer nur das Beste. Er betet noch immer zu Gott, dass er sie leiten und beschützen möge.*

„Lieber Gott, jedes dieser Mädchen, die wir heute Abend ehren, hat in seinem Leben schon viele Verletzungen erlitten", betete Mason. „Du hast sie hierhergeführt, um diese Wunden zu heilen. Du baust ihr Leben wieder auf, damit sie auch für Schwierigkeiten ausgerüstet sind. Ich bete, dass du dein Werk der Heilung und Zurüstung bei jeder von ihnen fortsetzt. Und, Herr, ich danke dir besonders dafür, dass Lily heute hier ist. Wir haben unsere Tochter wieder. Ich bitte dich, dass du sie auf ihrem weiteren Weg segnest und leitest. Ich glaube, dass sie sich auf eine großartige Zukunft freuen darf, und bitte dich, dass du sie gebrauchst, um dir die Ehre zu geben."

Als die Gebetszeit zu Ende war, sah ich, wie Lily und Mason sich mit Tränen im Gesicht lange umarmten. In seinen Augen lag ein Glitzern, und sein Gesicht drückte nichts als Liebe aus. Ich stellte mir vor, dass das Antlitz von Lilys himmlischem Vater ganz ähnlich aussehen musste.

Ich war sicher, dass Lily diesen Gesichtsausdruck nie vergessen würde.

Amanda

Ich tanze nur noch für ihn

Gleich war es 22 Uhr – Showtime. Amanda warf vor dem Standspiegel in der Garderobe noch einmal einen Blick auf ihr Aussehen: lange blonde Locken, glitzernde, runde Ohrringe, eine Halskette mit Rubinen, darauf abgestimmter Lippenstift und Nagellack, ein durchsichtiges, mit Pailletten besetztes Kostüm. Alles saß richtig. Zufrieden warf sie ihrem Spiegelbild ein letztes, umwerfendes Lächeln zu.

Im Hauptsaal hörte man schon die Musik. Wie immer zitterte sie vor Aufregung. Sie holte noch einmal tief Luft, warf dann den Vorhang beiseite und stolzierte zum Steg der Hauptbühne. Vielfarbige Lichteffekte durchstießen den rauchigen Dunst, um ihren Körper zu wärmen. Sie konnte die im Dunkeln sitzenden Zuschauer nicht sehen, aber das Gejohle, die Pfiffe und der anerkennende Applaus zeigten ihr, dass sie da waren. Vierhundert Paar Männeraugen waren auf sie gerichtet. Dieses Gefühl war elektrisierend.

Es war Freitagabend in „The Starr", einem eleganten „Herrenklub" im Zentrum von Atlanta, und Amanda war die Hauptattraktion. Sie war eine der beliebtesten Unterhaltungskünstlerinnen der Stadt. Sie liebte es, im Mittelpunkt des Interesses zu stehen, und auch die Extras, die mit ihrem glamourösen Lebensstil einhergingen, waren ihr willkommen. Darüber, als VIP behandelt zu werden, ständig nur Komplimente zu hören und ein sechsstelliges Einkommen zu haben, konnte man sich auf keinen Fall beschweren.

Nur in den stillen Stunden nach einem Auftritt, wenn sie allein in ihrem eleganten Stadthaus war, wunderte sich Amanda über den Weg, den sie gewählt hatte. Manchmal war der Druck, „perfekt" zu sein, so stark. Und egal, wie nobel „The Starr" zu sein versuchte, war es nicht trotzdem ein Striptaselokal? War sie wirklich dazu auf der Welt, um sich in der Öffentlichkeit auszuziehen? Wenn diese Zweifel in ihr hochkamen, schob Amanda sie jedoch schnell beiseite. *Welches Leben,* so dachte sie, *könnte dieses hier übertreffen?*

* * *

Amandas Suche nach Aufmerksamkeit begann schon sehr früh. Wenn Amanda irgendetwas falsch machte, ließ ihre Mutter sie links liegen. Ihr Vater war unsicher und reserviert. Deswegen fühlte Amanda sich oft einsam.

Zu dieser Einsamkeit kam noch ein Vorfall, der sich ereignete, als Amanda fünf Jahre alt war. Sie saß am Küchentisch beim Mittagessen und ihr jüngerer Bruder störte sie dabei. Er versuchte ständig, sie in die Arme zu nehmen, aber Amanda war gerade nicht in der Stimmung dazu. „Fass mich nicht an!", sagte sie. „Lass mich in Ruhe."

Amandas Mutter hatte den Wortwechsel mitgehört. „Okay, niemand rührt Amanda an. Jeder soll sie in Ruhe lassen."

Aus Amandas Sicht wurde diese Regel nicht nur für den Rest des Tages eingehalten; es schien ihre ganze Kindheit lang so zu bleiben. Ihre Familienmitglieder nahmen sie nur selten in den Arm. Sie konnte sich nicht erinnern, jemals ein „Ich liebe dich" von ihnen gehört zu haben. Obwohl sie ihren Wunsch nicht in Worte fassen konnte, sehnte Amanda sich nach Zuneigung, die sie einfach nicht erfuhr.

Die einzige Zuneigung, die man ihr entgegenbrachte, schien eine falsche zu sein.

Als sie vier war, beauftragten ihre Eltern einen Nachbarjungen im Teenageralter namens Patrick, hin und wieder auf sie aufzupassen. Patrick sang ihr Lieder vor und brachte Spiele mit, die sie zusammen spielten. Für Amandas Eltern war er der perfekte Babysitter für ihre kleine Tochter.

Aber an den Abenden, an denen ihre Eltern ausgingen, und nachdem sie sich gewaschen, ihren Schlafanzug angezogen hatte und in ihr Bett gekrochen war, bestand Patrick darauf, ein anderes Spiel zu spielen – ein böses, geheimes Spiel. Amanda hasste es. Jedes Mal, wenn er anfing, erklärte sie Patrick, dass sie dieses Spiel nicht mehr wollte. Aber er verlangte jedes Mal von ihr, dass sie mitmachte.

Amanda fürchtete die Abende, an denen Patrick kam. Auch wenn er nicht in der Nähe war, hatte sie Angst, abends ins Bett zu gehen. Aber sie war zu jung, um jemandem erklären zu können, was nicht stimmte. Schließlich erkannte ihre Mutter, dass irgendetwas, das mit Patrick zu tun hatte, Amanda beunruhigte. Sie suchten sich andere Babysitter.

Leider wiederholte sich Amandas Albtraum. Als sie sieben war, wurde sie von einem Babysitter sexuell missbraucht, als sie im Haus eines Nachbarn übernachtete. Damals entschied sich Amanda, niemandem mehr zu vertrauen außer sich selbst. Wenn ihre Familie sie nicht beschützen konnte, dann musste sie sich selber darum kümmern.

Dissoziation ist ein Verteidigungsmechanismus, den viele Kinder, insbesondere intelligente und kreative Kinder, anwenden, um mit Traumata umzugehen. Es ist eine Möglichkeit, Schmerz oder Missbrauch von sich abzuspalten, um zu überleben. Für Amanda bedeutete dies, ihre Unabhängigkeit und Eigenständigkeit geltend zu machen. Sie trennte sich emotional von ihrer leiblichen Familie und fing an, Freunde als Familie zu betrachten.

Ein weiterer Schritt in Richtung Unabhängigkeit gelang Amanda, als sie eine Arbeitserlaubnis erhielt und einen Job in einem Kino annahm. Zu diesem Zeitpunkt war sie dreizehn. Als sie vierzehn Jahre alt war und ihre Mutter ihr verbot, sich mit ihrem Freund zu treffen, zog Amanda für eine Weile einfach aus. Mit fünfzehn verlobte sie sich mit ihrem Freund. Dann beschloss sie, dass sie genug von der Highschool hatte. Deshalb besuchte sie zwei Ferienkurse in den Sommerferien und verließ die Schule ein Jahr eher. Zu diesem Zeitpunkt war sie noch nicht ganz siebzehn.

Nicht lange danach beendete sie die Beziehung zu ihrem Freund und zog von zu Hause aus. Nun hatte sie die Trennung von ihrem alten Leben nicht nur emotional, sondern auch äußerlich vollzogen. Als sie eine Stelle als Kellnerin bei einer Restaurantkette erhielt, freute sie sich riesig. Sie konnte es allein schaffen!

Amanda sicherte ihre Eigenständigkeit auch in anderer Hinsicht. Als sie zwölf war, ließ sie sich aus Neugier und weil sie sich nach Aufmerksamkeit und Annahme sehnte, auf Alkohol, Drogen und Sex ein. Aber sie musste noch viel über Beziehungen lernen, wie sie später feststellte.

Nach der Highschool unterhielt Amanda über mehrere Monate eine Beziehung zu einem Mann, der zwölf Jahre älter war als sie. Sie dachte, sie hätten eine wunderbare, ernsthafte Partnerschaft. Aber als er ihr mitteilte, dass er sich verloben werde, wurde ihr klar, dass er sie nur als Spielzeug angesehen hatte. Sie fing an, sich mit dem Leiter eines Fitnessstudios zu treffen, aber die Romanze endete, als er ihr sagte, dass er homosexuell sei. Für eine junge Frau, die sich auf andere verließ, um ihr schwaches Selbstwertgefühl zu stärken, war das Scheitern von zwei Beziehungen verheerend.

Als einige von Amandas Freundinnen Jobs als Kellnerinnen in einem Stripteaseklub bekamen, beschloss sie, sich ihnen anzuschließen. Dort beobachtete sie neidvoll die Tänzerinnen. Sie erhielten sehr viel Aufmerksamkeit und verdienten Unmengen von Geld. Sie fragte sich, ob sie dort nicht auch auftreten könnte. *Ich tanze doch so gern. Und die Frauen verdienen viel Geld dabei. Ich brauche Drogen und schlecht geht es mir sowieso. Warum also nicht?*

Amanda war ein Naturtalent. Bald schon wechselte sie zu „The Starr", der bekanntesten Nachtbar von Atlanta. Dann fügte sie ihrem Lebenslauf noch die Tätigkeit „Hostess" hinzu und „unterhielt" Männer auf Luxusjachten. Ihr Verdienst war sagenhaft.

Äußerlich galt Amanda als sehr erfolgreich. Sie trug eine Rolex-Armbanduhr und teure Kostüme, die sie mit einer goldenen Kreditkarte bezahlte. Ihr Stadthaus war von einem Innenarchitekten geschmackvoll eingerichtet worden. Sie fuhr einen Porsche. In Vier-Sterne-Restaurants wurden ihre Reservierungen ganz oben auf die Warteliste gesetzt. Auf der Straße wurde sie von allen Leuten angelächelt.

In ihrem Herzen sah es jedoch ganz anders aus. Amandas Leben geriet allmählich aus den Fugen. Der ständige Druck, Nacht für Nacht und Woche für Woche auf der Bühne und im Bett zu funktionieren, war einfach zu viel. Sie war süchtig nach Kokain und Alkohol und konnte nachts nicht schlafen. Sie fühlte sich schwach und verlor an Gewicht. Ihr Tanzstil war nicht mehr erotisch, sondern peinlich.

Sie war dabei, alles zu verlieren.

Nach einem weiteren furchtbaren Auftritt in „The Starr" wurde Amanda schließlich klar, dass sie auf diese Weise nicht weitermachen konnte. Sie teilte ihrem Chef mit, dass sie aufhören werde.

Mithilfe einer Freundin ihrer Mutter machte sie einen Entzug in einer Drogenentzugsklinik. Dann zog sie wieder zu ihren Eltern. Sie fand eine Stelle als Verkäuferin eines Kosmetikherstellers in einem Kaufhaus für fünfzehn Dollar pro Stunde. Aber sie war auf die dramatische Änderung ihres Lebensstils nicht vorbereitet, die mit diesen Entscheidungen einherging. Während der Arbeitszeiten war sie nervös. Verglichen mit ihrem früheren Einkommen hatte sie kaum Geld zum Ausgeben.

„Normal" zu leben funktionierte bei ihr nicht – also gab Amanda auf. Sie fing wieder an zu trinken. Dann hatte sie eine Affäre mit ihrem Filialleiter. Schließlich ging sie zurück zu „The Starr", wo sie weitere drei Jahre auftrat. Sie war wieder zufrieden mit ihrem Lebensstil.

Irgendwann tauchten Amandas Probleme erneut auf, dieses Mal aber mit aller Macht. Die Alkoholsucht wurde schlimmer. Sie wurde süchtig nach Methamphetaminen und ging eine Beziehung zu ihrem Drogendealer Kevin ein.

Sie lebte in dieser Zeit unter gefährlichen Umständen. Die meisten von Kevins Freunden trugen Waffen. Amanda war aber durch die Drogen oft so benebelt, dass sie kaum einen Gedanken daran verschwendete. Sie nahm die Realität immer weniger wahr.

Eines Tages drang eine leise Stimme durch ihr vernebeltes Denken und sagte Amanda, dass sie kurz davorstehe, alles zu verlieren. Sie wusste, dass sie schnell etwas tun musste.

Also bat Amanda ihre Eltern, sie zu besuchen und ihren Pastor mitzubringen. Das schien eine merkwürdige Bitte zu sein, aber Amanda hatte es immer gemocht, wenn Menschen für sie beteten. Sie war als Kind getauft worden und glaubte immer noch an Gott. In ihrem Stadthaus hing sogar das Gemälde eines Kreuzes an der Wand, und auf ihren Spiegel hatte sie Bibelverse geschrieben. Sie hatte ihren Lebensstil und ihren Glauben nie getrennt voneinander gesehen. Solange sie nett zu anderen Menschen war, dachte sie, würde Gott wohl nichts dagegen haben.

Als Amandas Eltern und der Pastor bei ihr ankamen, waren sie geschockt über ihr Aussehen. Amanda schien kaum noch Leben in sich zu haben. Sie war unglaublich dünn – sogar so dünn, dass sie bei „The Starr" wieder entlassen worden war. Ihre Augen waren blutunterlaufen und die Haare fielen ihr aus.

Ebenso erschreckend erschien die Szene in ihrer Wohnung. Ein Freund von Kevin lag mit einem Beinschuss blutend auf dem Sofa. Amanda sagte ihnen nicht, dass er gerade einen anderen Freund von Kevin bei einer Auseinandersetzung getötet hatte. Im Obergeschoss herrschte eine Atmosphäre wie in einem Klub. Laute Musik schallte aus den Lautsprechern, während junge Leute tanzten, tranken und Drogen nahmen.

Ihre Eltern waren entsetzt, aber für Amanda, vollgepumpt mit Methamphetaminen, war es ein Tag wie jeder andere. „Danke, dass ihr gekommen seid", sagte sie. „Ich bin ein wenig ... na ja, ich hatte gehofft, dass ihr für mich beten könntet."

Das taten sie dann auch. „Herr, wir bitten dich, dass du augenblicklich in Amandas Leben eingreifst", betete der Pastor. „Beschütze sie, segne sie, und zeig ihr den Weg, um dich zu finden. Wir wissen im Moment nicht, was wir tun sollen, aber du weißt es. Gieß deine Liebe und Macht über ihr aus."

Amanda verlor während des Gebets das Bewusstsein. Aber Gott war in ihr Leben eingeladen worden, und nichts würde ihn zurückhalten.

Zunächst sah es so aus, als ob nach dem Gebet Amandas Leben nur noch mehr ins Chaos stürzte. Ein paar Tage später wurde sie verhaftet und verbrachte eine Woche im Gefängnis, weil sie unabsichtlich mit ihrer Pistole geschossen und dabei fast ihren Nachbarn getroffen hatte. Als sie entlassen wurde, erfuhr sie, dass sie ihre Wohnung räumen musste und dass ihr Nachbar sie angezeigt hatte.

Amandas Mutter erzählte ihr, dass sie von einem Hilfsprogramm namens *Wellspring* gehört hatte. „Nein, Mama, ich kann nicht mit anderen Menschen zusammenleben", sagte Amanda. „Ich lebe zu sehr mein eigenes Leben." Sie fuhr zum Haus einer Freundin in der Hoffnung, eine Zeit lang bei ihr wohnen zu können. Aber als Amanda eine halbe Stunde später herauskam, um ihre Sachen aus dem Auto zu holen, musste sie feststellen, dass ihr Auto abgeschleppt worden war, weil sie direkt neben einem Hydranten geparkt hatte.

Nun hatte sie keine Wohnung *und* kein Fahrzeug mehr. Gott war ihr dicht auf den Fersen. Das machte Amanda wütend. *Nein, Gott,* betete sie. *Es kann nicht mehr besser werden. Du kannst mich nur noch sterben lassen.*

Plötzlich überfiel Amanda das seltsamste Gefühl, das sie je hatte – ein starker Eindruck, dass sie gleich ihr Bein verlieren würde, dass sie entstellt sein würde und außerstande, damit umzugehen.

Ihr war klar, dass es eine Warnung war. Sie musste endlich aufhören, davonzulaufen.

„In Ordnung", sagte sie seufzend. „Du bist stärker, Gott. Ich werde zu diesem Hilfsprogramm gehen."

* * *

Es war nicht einfach für Amanda, bei *Wellspring* einzuziehen. Gleich in der ersten Woche während eines Kurses über den Zustand des menschlichen Herzens kam Amanda plötzlich die überwältigende Erkenntnis, dass sie ein hartes Herz hatte. Sie fühlte sich wie ein Eiswürfel, der in der Sonne schmilzt. Mitten im Kurs fing sie an zu weinen.

Dann war da noch ihre Festung aus Misstrauen, die sie ihr Leben lang aufgebaut hatte. Viele Leute, mit denen sie vor *Wellspring* in Kontakt stand, hatten versucht, Amanda zu helfen, aber es geschah fast immer aus den falschen Motiven heraus. Ich spürte ihr Misstrauen. Jedes Mal, wenn ich versuchte, ihr etwas Gutes zu tun, schien sie sich zu fragen, was ich wohl als Gegenleistung erwartete.

Ich stellte fest, dass es auch für mich nicht einfach war, Amanda an unserem Programm bei *Wellspring* teilnehmen zu lassen. Von Herzen liebe ich die Mädchen, die zu uns kommen, und will alles tun, was ich nur kann, um ihnen zu helfen. Aber irgendetwas bei Amanda rief in mir einen zusätzlichen Beschützerinstinkt hervor. Sie schien so verletzlich zu sein. Ich fühlte mich wieder wie das kleine Mädchen, das ich einmal war, das immer wieder für seinen Bruder mit Downsyndrom eintrat.

Kurz nachdem Amanda zu uns gekommen war, erwähnte ich gegenüber einer Bekannten, die ich in einem Restaurant traf, dass eines unserer *Wellspring*-Mädchen bei mir zu Hause übernachtet hatte. Ohne ihren Namen zu nennen, beschrieb ich kurz Amandas Hintergrund. Die Augen der Frau weiteten sich.

„Du lässt sie bei dir *zu Hause* schlafen?", fragte sie, wobei ihr Tonfall sehr missbilligend klang. „Was denkst du denn über jemanden wie sie?"

Ich wollte schreien. *Jemand „wie sie", dachte ich, ist jemand wie du – eine Person, die Fehler gemacht hat und nun alles daransetzt, aus ihrer Situation herauszukommen.* Auf einmal fühlte ich mich, als wäre ich mit Jesus auf dem Ölberg, wo ich den Pharisäern zuhörte, die die Ehebrecherin steinigen wollten. Jesus sagte zu ihnen: „Wenn einer von euch ohne Sünde ist, dann soll er den ersten Stein werfen."

Unter ähnlichen Umständen hätte diese Frau – oder ich oder jeder von uns – vielleicht dieselben Entscheidungen getroffen wie Amanda. *Sind wir so verurteilend und blind, dass wir das nicht verstehen?, dachte ich. Warum sind wir immer so schnell dabei, mit Steinen auf andere zu werfen? Amanda braucht Barmherzigkeit, keine Verurteilung.*

Vielleicht spürte Amanda diese Verurteilung, wenn sie abends ins Bett ging. Ihre Nächte bei *Wellspring* verliefen sehr unruhig. Sie wälzte sich hin und her, träumte von „The Starr", wie sie zur Musik auf der Bühne tanzte, und von den unzähligen Männern, deren Gesichter alle gleich aussahen.

Eines Nachts jedoch bemerkte Amanda einen Fremden in ihrem Traum. Er stand hinten im Saal, während sie tanzte, ließ sie nicht aus den Augen und hatte eine starke Ausstrahlung. Es war, als ob er in ihre Vergangenheit, Gegenwart und Zukunft sehen könnte – alles konnte in der Tiefe dieser Augen entdeckt werden.

Sie versuchte ihn zu ignorieren, wegzusehen und sich auf die Zuschauer zu konzentrieren, aber jedes Mal zog sein durchdringender Blick ihre Aufmerksamkeit wieder auf sich. Sie hatte sich immer danach gesehnt, wahrgenommen zu werden, aber der eigentümliche Blick dieses Mannes brachte sie aus der Fassung.

Dann veränderte sich Amandas Traum. Sie sah, wie ihre Gliedmaßen schlaff wurden und ihre Füße erstarrten. Sie konnte nicht tanzen und sich überhaupt nicht bewegen. Sie verlor die Kraft zu stehen und fiel zu Boden. Abrupt hörte die Musik auf; die Stimmen und das Gelächter der Zuschauer verstummten; das Licht ging aus.

Aus der Stille und Dunkelheit hörte sie, wie eine einzelne, ruhige Stimme nach ihr rief. „Amanda", hörte sie die Stimme sagen. „Amanda, geh mit mir von hier weg."

Instinktiv wollte sie weglaufen. Ihre Beine funktionierten wieder – sie flüchtete von der Bühne einen dunklen Flur entlang, wo sie sich in einem Schrank versteckte. Während sie in der Dunkelheit kauerte, hörte sie die Stimme erneut: „Amanda, geh mit mir von hier weg."

Atemlos erwachte sie aus diesem Traum.

Amanda erwähnte den Traum gegenüber niemandem. Aber im Lauf der folgenden Tage bemerkte Laura, eine unserer Mentorinnen, die mit unseren Gästen im Haus zusammenleben, dass Amanda teilnahmslos und mit ihren Gedanken abwesend war. Sie wartete ab. Schließlich bat Amanda Laura um ein Gespräch und erzählte ihr, was sie quälte.

Der Traum erinnerte Laura an Paulus' Schlüsselerlebnis auf der Straße nach Damaskus, das der Auslöser für seine Entscheidung für Jesus Christus war. Inmitten von Paulus' ehrgeizigen Bemühungen, Christen und ihren Glauben zu zerstören, hörte er die Stimme von Jesus und wurde blind. Drei Tage später traf Paulus einen Mann namens Ananias, der ihm erklärte, Jesus habe ihn geschickt. Er betete für Paulus, sodass dieser wieder sehen konnte und mit dem Heiligen Geist erfüllt wurde. Von diesem Moment an predigte Paulus das Evangelium von Jesus überall und betete Gott an. Er wurde einer der ersten Missionare der Kirchengeschichte.

„Amanda", sagte Laura, „ich glaube, dass du vielleicht ein wenig wie Paulus bist. Du warst blind für die Fehler und Schuld in deinem Leben. Jetzt hörst du die Stimme Jesu, der dir sagt, wie du dein altes Leben hinter dir lassen kannst."

Wenige Tage später erlebte Amanda selbst ein solches Schlüsselerlebnis. Sie hörte zwar keine übernatürlichen Stimmen, aber die Situation war ebenso wirksam.

Sie erwachte in ihrem Zimmer im *Wellspring*-Haus. Die Morgensonne schien durch den Vorhang am Fenster oberhalb ihres Bettes. Sie schob ihn beiseite, um in unseren Gebetsgarten hinter dem Haus zu sehen, in dem lauter schöne, rote Rosen standen. An der Gartenlaube rankte sich eine Zierweinpflanze empor.

In diesem Augenblick hatte Amanda das Gefühl, in einer neuen Welt zu erwachen. Es war, als ob ein dunkler Schleier von ihren Augen genommen würde. Zum ersten Mal erkannte sie, dass sie von Menschen umgeben war, die ihr helfen wollten. *Jetzt sehe ich es,* dachte sie. *Diese Leute verfolgen keine eigenen Ziele. Sie sind echt.*

Dies war die Wende in Amandas Leben. Als ich ihr ein paar Tage später eine neue Jeans schenkte, hellte sich ihr Gesicht auf. Sie hatte ihr Misstrauen abgelegt. Zum ersten Mal vertraute sie mir.

„Gestern Abend habe ich endlich gespürt, dass zwischen uns eine Verbindung entstanden ist", schrieb ich in mein Tagebuch. „Danke, Herr, dass du mir die Idee gegeben hast, Amanda eine Jeans zu kaufen. Es war so etwas Einfaches, ich wäre selber nie darauf gekommen. So hast du mir gezeigt, wie ich ihre Freundin sein und wie sie es annehmen kann. Danke!"

Amanda fing an, jeden Tag um fünf Uhr aufzustehen, um zu beten und in der Bibel zu lesen. Sie las außerdem fast fünfzig Bücher über Gott und den Glauben an ihn. Sie hatte ein neues Ziel. Anstatt zu versuchen, im Zentrum des Interesses von anderen zu stehen, richtete sie nun ihr ganzes Interesse auf Gott.

Nie hatte sie solch eine Erfüllung erlebt.

Als die Wochen vorübergingen, machte ich mir immer noch Sorgen um Amanda. Ich wusste, dass sie eine schwierige Übergangszeit vor sich hatte, dass die Versuchungen und Umstände der Welt außerhalb von *Wellspring* eine ganz besonders große Herausforderung für sie sein würden. Aber ich sah auch, dass sie zum ersten Mal in ihrem Leben eine echte Entscheidung für Jesus getroffen hatte. Solange er in ihrem Herzen wohnte, würde sie es schaffen.

❋ ❋ ❋

Gleich war es Zeit für die Aufführung. Amanda überprüfte ihre Kleidung – ein schwarzer Hosenanzug mit einer weißen Strickjacke darüber – und holte tief Luft. *Herr, ich bin so nervös,* betete sie. *Bitte sei bei mir, damit ich zu deiner Ehre tanzen kann.*

Amanda befand sich in der Garderobe der Atlanta Philips Arena. Sie und ihre acht Mittänzerinnen – alles junge Frauen, die das *Wellspring*-Programm durchliefen – würden jetzt im Rahmen einer christlichen Frauenkonferenz einen Anbetungstanz aufführen. Eine Menge von zwanzigtausend Zuschauern wartete im Saal. Die Lobpreisband begann zu spielen – das war für sie der Hinweis, dass es losging. Amanda zitterte, als sie sich mit dem ganzen Team auf den langen Weg zu der kreisförmigen Bühne machte. Als der Tanz begann, folgte die riesige Zuschauermenge jeder Bewegung, die Amanda und ihre Mittänzerinnen ausführten. Ihre Gesichter erschienen auf gigantischen Bildschirmen über der Bühne. Schon bald stand die begeisterte Menge von ihren Plätzen auf. Aber Amanda versuchte, nicht darauf zu achten. Sie tanzte nur für einen einzigen Zuschauer.

Mit vor Freude leuchtenden Augen und anmutigen Bewegungen tanzte Amanda zu der Musik des bekannten Popsongs „Shackles" von Mary Mary. Als im Liedtext brechende Ketten beschrieben wurden, streckten Amanda und die anderen Tänzerinnen die Arme zur Seite. Als das Lied von Händen sprach, die in Anbetung erhoben werden, hoben sie ihre Arme hoch in die Luft.

Als der Schlussrefrain – „Nimm die Fesseln von meinen Füßen, damit ich tanzen kann ... ich will dich preisen" – durch den Saal schallte, gab die Menge den Tänzerinnen einen donnernden Applaus.

Amanda strahlte, aber sie sah nicht auf die Zuschauer um sie herum. Ihre Augen waren nach oben gerichtet.

* * *

Heute arbeitet Amanda bei *Wellspring*, wo sie unterrichtet und sich regelmäßig mit anderen Mitarbeitern trifft, um gemeinsam für die Gäste des *Wellspring*-Hauses zu beten. Am liebsten steht sie jedoch den jungen Frauen als Mentorin zur Seite und hilft ihnen, Freundschaften untereinander zu schließen. Amanda lebt mit Skylar, einer anderen *Wellspring*-Absolventin, in einer Wohngemeinschaft zusammen und steht mit mehreren anderen Absolventinnen aus dem Haus in Kontakt. Sie alle ermutigen und unterstützen einander auch nach Abschluss des *Wellspring*-Programms.

Christi

Die Freude hat gesiegt

Die zierliche kleine Frau, die mir gegenübersaß, sah zerbrechlich aus wie eine Porzellanpuppe. Sie hatte blondes Haar und trug eine zartrosa Bluse zu ihrer Hose. Sie redete fast im Flüsterton, und ihre Hände zitterten, während wir sprachen. Aber ihre Erscheinung täuschte. Unter diesem zarten Äußeren lag eine Entschlusskraft so hart wie Stahl, geschmiedet mit der unzerstörbaren Liebe einer Mutter.

Ihr Name war Sandra. Wir trafen uns im Büro ihrer Kirchengemeinde. Es ging um ihre zweiundzwanzigjährige Tochter Christi.

„Ich weiß einfach, dass das nicht meine Christi ist", sagte Sandra langsam. Tränen rannen über ihre Wangen. „Ich will mein kleines, glückliches Mädchen wiederfinden. Ich weiß nicht, wohin sie gegangen ist, aber ich will ihr helfen, zurückzukommen."

Sandra fing an, Christis Geschichte zu erzählen, und ihr Bericht bewegte mich sehr. Noch bevor sie endete, liefen auch mir die Tränen über die Wangen.

* * *

Mit ihrer dynamischen und verspielten Art war Christi praktisch mit einem Lächeln auf den Lippen geboren worden. Sandra erinnert sich noch daran, wie Christi mit ihrer älteren Schwester zusammen ein Lied „performte". Christi hüpfte die ganze Zeit, ihre dunkelblonden Locken sprangen dabei im Takt, und sie sang aus voller Kehle in ein selbst gebasteltes Mikrofon. Dieses heitere Mädchen, das in einem wohlhabenden Stadtteil von Atlanta aufwuchs, erhielt bald den Spitznamen „Smiley". Jede ihrer Bewegungen schien von Freude geprägt zu sein.

Sandra liebte es, ihre unbekümmerte Tochter zu beobachten, aber es war auch eine unbestimmte Angst vorhanden, die immerzu über allem wie eine dunkle Wolke an einem sonnigen Tag hing. Christi war mit einem Loch im Herzen geboren worden und hatte sich deswegen im Alter von vier Jahren einer Herzoperation unterziehen müssen. Ein Jahr zuvor war die Familie schon durch eine Scheidung auseinandergerissen worden; nun fürchtete Sandra, auch noch ihr Kind zu verlieren. Aus diesem Grund wurde Christi, als sie heranwuchs, als jüngste Tochter von Sandra und ihrem neuen Ehemann, David, wahrscheinlich zu sehr behütet. Sie waren strenge Eltern, die für fast jede Situation Regeln aufstellten.

So kam es, dass Gott für Christi jemand war, der nur das Einhalten von Regeln kannte. Pflichtbewusst ging sie mit ihrer Familie zur Kirche, oft zwei- bis dreimal in der Woche. Christi glaubte an Gott und entschied sich für ein Leben mit Jesus, als sie zwölf Jahre alt war, aber sie hatte keine persönliche Beziehung zu ihm. Die Regeln standen dem im Wege.

Trotzdem genoss Christi eine fast idyllische Kindheit. Die einzige Zeit, in der sie nicht so unbekümmert schien wie sonst, war, wenn ihr Onkel Randy in der Nähe war. Sie wich zurück, wann immer er sich ihr näherte oder sie in den Arm nahm.

Eines Tages, nach einem Familientreffen, fragte Sandy ihre Tochter: „Christi, hat Onkel Randy dich jemals ... in irgendeiner Weise berührt?"

Christi sah zur Seite. „Nein, Mama", antwortete sie.

Als Christi dreizehn war, wurden ihr die Regeln zu viel. Sie rebellierte. Sie fing an zu rauchen. Als Sandra ihr verbot, zu einer Halloween-Party zu gehen, ging Christi trotzdem dorthin und kam erst am nächsten Morgen zurück. Die Konflikte zwischen Mutter und Tochter wurden häufiger und heftiger. Christi empfand eine tiefe Wut gegenüber ihrer Mutter, die sie nicht erklären konnte.

Als sie fünfzehn war, fing Christi an, mit einem Freund namens Jeremy zu schlafen. Schon bald entdeckte Sandra eine Notiz, die Jeremy an Christi geschrieben hatte, aus der hervorging, dass die beiden Sex miteinander hatten. Ihre schlimmsten Befürchtungen wurden wahr. Sie war dabei, ihre Tochter zu verlieren.

Die Situation geriet allmählich außer Kontrolle. Auf den Rat eines Psychiaters hin beschloss Sandra, Christi ein paar Wochen lang bei Jeremy und dessen Vater wohnen zu lassen, in der Hoffnung, dass sie der Beziehung überdrüssig würde. Aber das funktionierte nicht. Dann schickte sie Christi zu ihrem leiblichen Vater.

Das alles führte dazu, dass Christi in kürzester Zeit völlig verzweifelte. Sie fühlte sich verlassen, wie weggeworfen. Als sie davon sprach, sich das Leben zu nehmen, wiesen ihr Vater und ihre Stiefmutter sie für kurze Zeit in eine psychiatrische Klinik ein. Danach lebte sie bei einer Tante in Mississippi.

Schließlich brachte Sandra Christi in einer therapeutischen Einrichtung für Teenager in Problemsituationen in Shreveport, Louisiana, unter. Sie sagte zu Christi, dass sie nach zwei Wochen nach Hause kommen könne, wenn es ihr nicht gefiel. Christi hasste das Ganze. Als die zwei Wochen um waren, rief sie ihre Mutter an.

„Hi, Mama, hier ist Christi", sagte sie. „Die zwei Wochen sind um. Ich will nach Hause kommen."

Eine kleine Pause entstand. „Es tut mir leid, Christi", antwortete Sandra. „Du musst dortbleiben. Du musst der Therapie eine Chance geben."

Christi war außer sich vor Wut. Einen Monat später lief sie mit drei anderen Mädchen fort nach Texas.

Vier Jahre lang meldete sich Christi kein einziges Mal bei ihrer Familie. Sie nahm einen Bus zurück nach Georgia und zog wieder zu Jeremy. Dort fand sie einen Job in einem Hundesalon. Äußerlich behielt Christi ihr Lächeln und erweckte den Eindruck, ihr Leben unter Kontrolle zu haben. Innerlich jedoch ging es ihr immer schlechter. Jeremy missbrauchte sie körperlich und emotional. Sie fühlte sich einsam und leer. Sie hatte schon Drogen genommen, als sie in der Schule war, vor allem Marihuana. Aber jetzt griff sie zu härteren Drogen und nahm sie immer öfter, um ihren Schmerz zu betäuben.

Sandra stand in der Zwischenzeit ihre eigenen Seelenqualen aus. Oft erwachte sie voller Panik mitten in der Nacht und machte sich Sorgen um Christi. Wie sollte sie auch nur einen weiteren Tag oder auch nur einen weiteren Augenblick durchstehen, ohne zu wissen, wo ihre Tochter war und was mit ihr geschah?

Sandra und David engagierten einen Privatdetektiv, um Christi zu finden. Irgendwann erfuhren sie, dass sie wieder in der Gegend von Atlanta war. Eines Morgens erhielt Sandra einen Anruf von einem Polizeibeamten. Da Christi bereits achtzehn war, konnte er sie nicht zwangsweise nach Hause bringen, aber er konnte Sandra die Adresse nennen, wo Christi sich zurzeit aufhielt.

Sandra zögerte keine Sekunde. Kaum hatte sie den Hörer aufgelegt, druckte sie sich am Computer eine Wegbeschreibung aus, rannte zu ihrem Auto und fuhr zu der Adresse, die der Polizeibeamte ihr genannt hatte. Es war ein großer Apartmentkomplex.

Sandras Hände zitterten, als sie nach der Türnummer 107 suchte. Sie fand sie schließlich in der untersten Reihe eines dreistöckigen Gebäudes. Sie eilte den Außengang entlang bis zur Tür. Es war so lange her. Was würde sie sagen? Wie würde Christi reagieren?

Dann hörte Sandra eine Stimme, die so deutlich war, als ob jemand direkt neben ihr stünde. Sie wusste sofort, dass es Gottes Stimme war. „Steig wieder in dein Auto", sagte die Stimme. „Fahr nach Hause. Sie ist noch nicht bereit."

Sandra erstarrte. Sie fixierte die Tür, die nur ein paar Meter entfernt war. Seit fast vier Jahren war sie auf der Suche nach ihrer Tochter und wusste jetzt, dass Christi sich auf der anderen Seite dieser Tür befand. Wie konnte sie jetzt wieder umkehren?

Sandra hatte jedoch Gottes Treue erlebt. In jenen Nächten, in denen sie voller Verzweiflung und Sorgen erwacht war, hatte er sie an die Geschichte von Jairus erinnert. Die einzige Tochter dieses Vaters lag im Sterben, und er hatte den Lehrer namens Jesus angefleht, zu kommen und sie zu heilen. Dann, als sie auf dem Weg zu ihr waren, erhielten sie eine furchtbare Nachricht. „Deine Tochter ist tot", sagte man Jairus. „Du brauchst den Lehrer nicht mehr bemühen."

Aber Jesus verwandelte Jairus' Verzweiflung augenblicklich in Hoffnung. „Fürchte dich nicht", sagte Jesus. „Glaube nur, und sie wird geheilt werden." Und genau das geschah.

Nacht für Nacht hatte Sandra sich an dieser Geschichte festgeklammert. Sie hatte darin Gottes Trost gefunden, den er ihr zu einer Zeit gab, in der sie ihn bitter nötig hatte. Sollte sie seiner Liebe und Weisheit jetzt nicht mehr vertrauen?

Zögernd und sehr langsam drehte sich Sandra um. Sie ging den Außengang zurück, stieg in ihr Auto und fuhr nach einem letzten Blick auf den Apartmentkomplex fort. Es war das Schwierigste, das sie jemals getan hatte. Aber sie wusste, es war richtig so. Sie musste Gott vertrauen.

Und Gott arbeitete an ihrer Tochter. Christi fing an, sich die Unterstützung ihrer Familie wieder zu wünschen. Sie vermisste sie und wollte wieder nach Hause. Aber Zweifel plagten sie. *Ich bin doch der reinste Müll,* dachte sie. *Wie könnte mir Mama vergeben? Wie könnte sie mich immer noch lieben, nach allem, was ich ihr angetan habe?*

Christi vertraute sich dem Besitzer des Hundesalons an. „Christi, deine Mama wird dich immer lieben", meinte er. „Sie wird immer für dich da sein. Ich bin sicher, dass sie dich wieder aufnehmen wird."

Das war der Anstoß, den Christi gebraucht hatte. Als sie endlich zu Hause anrief, war Sandra überglücklich. „Ich bin so froh, dass du dich meldest", sagte sie. „Ich wusste, du würdest zurückkommen. Ich bin in einer Viertelstunde bei dir."

Mit neunzehn zog Christi wieder zu Hause ein. Für jeden in ihrer Familie schien es ein Neubeginn zu sein und für Christi eine Chance, ihr Leben wieder in Ordnung zu bringen. Und zunächst lief auch alles reibungslos.

Aber die tief sitzende Wut, die Christi ihrer Mutter gegenüber empfand, kam bald wieder an die Oberfläche. Sie war zornig darüber, dass man sie vor vier Jahren einfach weggeschickt hatte. Christi und Sandra stritten immer häufiger. Während dieser Zeit hatte Christi zahlreiche Freundschaften mit Männern und wechselte ständig ihre Arbeitsstelle. Sie erhöhte auch wieder ihren Drogenkonsum, was sie jedoch vor der Familie verheimlichen konnte. Wenn die Wirkung der Drogen nachließ, wurde sie noch wütender.

Zwei Jahre später kam es zur Explosion. Christi war zwei Wochen lang mit Methamphetamin vollgepumpt gewesen. Sie hatte kaum geschlafen und noch weniger gegessen. Sie war eine wandelnde Zeitbombe.

David fand in Christis Auto ein Röhrchen, mit denen sie ihre Drogen zu sich nahm. Er sprach mit Sandra darüber. Sie hatten schon vermutet, dass Christi Drogen nahm; nun hatten sie die Bestätigung. Sie wollten alles tun, um Christi zu helfen, mussten aber auch an ihren dreizehnjährigen Bruder denken. Nur ungern beschlossen sie, dass Christi wieder ausziehen müsse.

Als sie es ihr mitteilten, wurde Christi sehr wütend und geriet außer Kontrolle. Sandra fing an, Christis Sachen in ihrem Zimmer im oberen Stockwerk zu packen. Währenddessen blieb David mit Christi draußen, um sie daran zu hindern, irgendetwas im Haus zu zerstören. Aber als David einen Moment lang nicht aufpasste, schlüpfte Christi ins Haus und verschloss die Tür von innen. Dann rannte sie zum Hintereingang und verschloss diesen ebenfalls. Schließlich lief sie nach oben, um ihrer Mutter gegenüberzutreten.

Sandra hatte gerade einen Wäschekorb mit Kleidung und Büchern gefüllt. Sie konnte es nicht fassen, dass es so weit gekommen war. Sie sah sich in Christis Zimmer um. Ein gerahmtes Puzzlebild mit Puppen hing an der Wand. Da war ein

Bücherregal mit einem Fach voller bunter Plüschtiere. Auf der Kommode sah man eine Puppensammlung – eine Scarlett-O'Hara-Figur, eine Puppe in einer Pioniertracht mit dem Namen „Kirsten" und eine Porzellanpuppe, die eine Südstaatenschönheit in einem Ballkleid darstellte. Es war ein Zimmer voller typischer, mädchenhafter Schätze aus einer glücklichen Kindheit.

Sogar beim Einpacken hatte Sandra ein Glasplättchen mit Spuren des Methamphetamins gefunden. Was war nur mit der kleinen, fröhlichen Tochter geschehen, die sie einmal gewesen war?

Da erschien Christi in der Tür, ihr schönes Gesicht war rot vor Zorn.

„Du hast mir versprochen, dass du mich nie wieder vor die Tür setzt!", schrie sie. „Wie kannst du mir das antun?"

Sandra holte tief Luft. „Aber, Christi, du hast bei uns Drogen genommen. Wir können dich nicht im Haus behalten, wenn du das tust."

Christi trat ins Zimmer. „Wohin soll ich gehen, Mama? Kannst du mir das sagen?" Sie schnappte die Plüschtiere vom Bücherregal – ein wuscheliges, rosafarbenes Pferd, ein grünes Hündchen, ein blaues Kätzchen – und schleuderte sie auf Sandra. „Warum tust du das mit mir?", kreischte sie.

Sandra schüttelte den Kopf. Das Letzte, was ihnen im Moment weiterhalf, war ein erneuter Streit. Sie hob den Wäschekorb auf und ging zur Tür.

Das machte Christi noch rasender – wie immer ließ ihre Mutter sie im Stich. Sie griff nach der schweren Porzellanpuppe und warf sie nach Sandra. Ihre Mutter hatte fast die Türschwelle erreicht, als die Puppe neben ihr an die Wand knallte. Als sie herunterfiel, traf sie Sandra am Hinterkopf. Sie stürzte zu Boden. Die Puppe kam neben ihr auf und zersprang.

Christi starrte auf ihre Mutter, die bewegungslos inmitten der Scherben lag, die einmal zu einem liebevoll gehüteten Andenken gehört hatten. Wie ein Blitz kam ihr die Erkenntnis, dass die Puppe ein Sinnbild für die Beziehung zu ihrer Mutter darstellte und dass sie ihr ganzes Leben widerspiegelte – ein chaotischer Haufen Scherben, die nie wieder zusammengesetzt werden konnten.

Sandra lag inzwischen blutend und fassungslos da – aber die Liebe zu ihrer Tochter war unvermindert stark. *Ich bin nicht schwer verletzt,* dachte sie. *Wenn das hier nötig ist, um Christi wachzurütteln, wenn ich verletzt werden muss, damit sie endlich erkennt, dass sie Hilfe braucht, dann geht es mir gut.*

Den restlichen Tag erlebte Christi nur ganz verschwommen. In ihrer durch die Droge aufgeputschten Wut fuhr sie weg, kam aber später wieder. Ihre Mutter war inzwischen von einem Notarztwagen abgeholt worden. Aber Christi war noch immer voller Wut. Sie fuhr mit ihrem Auto den Briefkasten ihrer Eltern um, dann hinterließ sie Bremsspuren im Rasen. Als Nächstes überfuhr sie ein Stoppschild in der Nachbarschaft. Als sie von einem Polizisten angehalten wurde, versuchte sie, zu Fuß zu fliehen. Nachdem er sie festgenommen hatte, fand er Drogenutensilien in ihrem Auto. Christi musste ins Gefängnis.

Drei Tage später wurde sie auf Bewährung freigelassen. Christi entschuldigte sich bei ihrer Mutter. Sie habe ihr nicht wehtun wollen, sagte sie.

Aber nur vier Monate später fiel sie durch einen Drogentest und musste wieder ins Gefängnis. Ihr Leben war ein Scherbenhaufen. Sie war an einem absoluten Tiefpunkt angelangt.

Ebenso erging es Sandra. Sie hatte alles versucht, was ihr nur in den Sinn gekommen war, um ihrer Tochter zu helfen, und nichts hatte funktioniert. Wo war Gott in alldem? Was war mit seinem scheinbaren Versprechen, ihre Tochter auf die gleiche Weise zu heilen, wie er die Tochter des Jairus geheilt hatte?

Völlig entmutigt ging Sandra ein paar Tage später zu einem Bibelkreis für Frauen. Als nach Gebetsanliegen gefragt wurde, brachte Sandra all ihre Ängste vor. Während die Frauen für Sandra und Christi beteten, wurde ein winziges Samenkorn der Hoffnung in Sandras Herz gelegt. Die Hoffnung wurde größer, als eine der Frauen nach der Gebetszeit auf Sandra zukam. Ihre Tochter hatte am *Wellspring*-Programm teilgenommen. Sie drängte Sandra, die Sache zu prüfen.

Eine Woche später saß ich mit Sandra in jenem Gemeindebüro. Ich war zutiefst bewegt von der unerschöpflichen Liebe, die diese Mutter für ihre unberechenbare Tochter hatte. Obwohl ich noch keine Möglichkeiten sah, wie wir Christi helfen konnten, spürte ich in meinem Herzen, dass wir Christi helfen sollten und dass sie an unserem Programm teilnehmen sollte. Nun lag es allein an ihr ... und an Gott.

* * *

Christi saß auf ihrem Etagenbett und starrte auf den Fußboden. Mit mehr als fünfzig Frauen war sie in einem Schlafsaal der Jugendstrafanstalt ihres Landkreises eingesperrt. Sie trug einen marineblauen Overall, der wie eine OP-Bekleidung aussah. Ihr einziger Besitz waren vier Rollen Toilettenpapier.

Es gab nichts zu tun, und sie saß hier fest – es gab nichts, was sie von dem Chaos, in dem sie sich befand, hätte ablenken können.

Gott, ich will so nicht leben, dachte sie. *Ich gehöre nicht ins Gefängnis. So jemand bin ich nicht. Warum bin ich hier? Was willst du von mir?*

Sie nahm eine der christlichen Zeitschriften in die Hand, die jemand für die Inhaftierten dort liegen gelassen hatte, und blätterte sie durch. Bei einer der Geschichten stand in der Mitte der Seite ein Gebet, mit dem man Jesus als Herrn in sein Leben einladen konnte.

Christi las das Gebet.

Dann las sie es erneut.

Und noch einmal.

Okay, Gott, dachte sie. *Das will ich. Ich schaffe es nicht mehr allein. Ich will, dass du in meinem Herzen wohnst.*

Sie wartete. Es enttäuschte sie, dass sie gar nichts fühlte. Später rief sie Sandra an und erzählte ihr von ihrer Entscheidung. „Mama", sagte sie frustriert, „ich *fühle* einfach nichts. Was soll ich tun?"

„Christi, du musst gar nichts machen", antwortete Sandra. „Glaube einfach, dass Jesus jetzt durch seinen Heiligen Geist in dir lebt. Du hast dich entschieden. Vielleicht fühlst du im Moment noch nichts, aber es wird sich etwas verändern."

Als die Tage vergingen, fing Christi zum ersten Mal in ihrem Leben an, ernsthaft in der Bibel zu lesen. Sie verstand zuerst nicht besonders viel. Aber je mehr sie las, desto mehr verstand sie auch.

Ein Gerichtstermin wurde festgelegt. Wenn Christi einwilligen würde, ein Programm zu durchlaufen, das vom Gericht befürwortet wurde, konnte sie entlassen werden. Sandra erzählte ihr von *Wellspring*. Um daran teilnehmen zu können, müsste sie sich auf neun Monate festlegen.

„Neun Monate?", fragte Christi. „Oh nein. Lassen wir das. Ich finde selber etwas."

Christi prüfte andere Optionen – eine offene Psychiatrie, dreißigtägige Angebote von Rehabilitationszentren. In der Zwischenzeit bot ihr Anwalt ihr an, dass sie mit einem Freund von ihm zusammenziehen könne, aber sie misstraute diesem Angebot. Nichts schien zu klappen.

Schließlich gab Christi auf. Sie beschloss, die Angelegenheit Gott anzuvertrauen. Sie verbrachte einen Tag mit Fasten und Beten. *Gott, zeig mir den Weg, den ich gehen soll,* betete sie. *Und schließe jede Tür, durch die ich nicht gehen soll.*

In der folgenden Nacht, als Christi in ihrem Etagenbett im Gefängnis lag, hatte sie den Eindruck, dass Gott ihr etwas sagen wollte: „*Wellspring* wird dein Zuhause sein. Du wirst dich verändern. Du wirst die Person werden, die du sein sollst."

Wie sie da mitten im Schlafsaal im Dunkeln lag, lächelte Christi auf einmal. Sie hatte ihre Antwort – und sah einen Hoffnungsschimmer am Horizont.

Obwohl sie und Sandra sich nun einig waren, musste die Entscheidung erst noch von einem Richter befürwortet werden. Dann erfuhr ich, dass der Richter eine Frau war, mit der ich mich erst einen Monat zuvor getroffen hatte, um ihr *Wellspring* vorzustellen. Die Puzzleteile fügten sich zusammen.

An einem regnerischen Tag im November traf ich mich früh am Morgen mit Sandra im Gerichtsgebäude der Kreisstadt zu Christis Gerichtstermin. Es wurde ein langer Tag. Christis Anwalt verspätete sich. Dann hatte er Einwände dagegen, dass Christi bei *Wellspring* anfangen sollte – er war der Meinung, dass sie das nicht brauche. Schließlich konnten wir ihn aber überzeugen, dass es das war, was Christi selber wollte. Die Richterin war einverstanden. Christi sollte meiner Obhut übergeben werden.

Christi lächelte uns an, als man sie aus dem Gerichtssaal führte. Die Wartezeit beim Gefängnis, wo wir sie später abholten, war deutlich länger, als wir dachten. Sandra, ihre Tochter Erica und ich mussten bis sieben Uhr abends warten, bis Christi endlich durch die Tür des Wartebereichs trat. Sie lachte – es war eine Mischung aus Erleichterung und Nervosität – und nahm Sandra und Erica in den Arm. Dann zog sie auch mich in ihre Arme und hielt mich lange fest.

„Danke", sagte sie. „Danke, dass ihr mich aufnehmt. Danke."

In diesem Moment konnte ich erkennen, dass Christi einen Entschluss gefasst hatte. Sie wollte nie mehr hierher zurückkehren. Sie war bereit, ein neues Leben aufzubauen.

Während ihrer ersten Tage bei *Wellspring* war Christi nervös, aber auch begeistert. Gott hatte in ihr einen Hunger nach ihm entfacht, und so saugte sie alles aus den Seminaren wie ein Schwamm auf. Sie war so auffallend freundlich zu den anderen Mädchen, dass diese nicht ganz sicher waren, was sie von ihr halten sollten. Aber bald lernten sie sie kennen und mochten sie sehr.

Christis extrovertierte Art war einfach Teil ihrer Persönlichkeit. Aber wir entdeckten bald, dass sie auch einen anderen Zweck hatte – es half ihr, die Geheimnisse zu verbergen, die sie niemandem offenbaren wollte.

Diese Geheimnisse kamen während einer Gesprächsrunde bei *Wellspring* ans Licht, in der es um die Lebensgeschichte der einzelnen Mädchen ging. Jede schaut dabei ehrlich ihre Vergangenheit an und beginnt bei der ersten Erinnerung. Bei

Christi, die die Zeit zwischen ihrem fünften und etwa zehnten Lebensjahr betrachtete, beinhalteten die Erinnerungen unangemessene Berührungen – sexuellen Missbrauch – durch ihren Onkel Randy.

„Ich habe versucht, es zu verdrängen, aber ich weiß, dass es mich beeinflusst hat", erzählte Christi. „Ich will nicht alles, was ich getan habe, mit diesem Erlebnis in Zusammenhang bringen, aber ich bin dadurch zu einer Person geworden, bei der sich alles nur um Sex drehte."

Sie vermutet, dass es sehr wahrscheinlich auch zu ihrer tief sitzenden Wut gegenüber ihrer Mutter beigetragen hat, wenn es nicht sogar die eigentliche Ursache dafür war. So beschützend ihre Eltern auch waren, sie waren nicht in der Lage gewesen, sie vor dem schlimmsten Albtraum eines kleinen Mädchens zu bewahren.

Und es stellte sich heraus, dass Onkel Randy nicht das einzige Geheimnis war. Als sie mit zwanzig nach einem Weg suchte, aus der Drogensucht auszusteigen und neu anzufangen, hatte Christi ihren leiblichen Vater um Hilfe und einen Platz zum Wohnen gebeten. Er ließ sie bei einem Cousin wohnen, der Christi schließlich vergewaltigte.

Christi hatte nie über Onkel Randy oder den Cousin gesprochen. Die Scham, die Angst und der Schmerz waren einfach zu groß. Sie bezweifelte, dass irgendjemand sie verstehen oder ihr überhaupt Glauben schenken würde. Über Jahre hinweg überlebte sie nur, indem sie ihre Gefühle hinter Zorn, zerstörerischen Beziehungen und Drogen verbarg.

Nun hatte sie diese Geheimnisse endlich jemandem anvertrauen können. Jetzt konnte Gott mit dem Heilungsprozess in ihrem Leben beginnen.

Er begann am Neujahrstag während einer Gebetszeit im *Wellspring*-Haus. Christi, ein paar der anderen Mädchen und Jenny, eine unserer Mentorinnen, saßen im Aufenthaltsraum auf dem Boden und beteten. Plötzlich wandte sich Jenny an Christi und sagte: „Ich habe den Eindruck, dass Gott aus irgendeinem Grund möchte, dass ich für dich bete."

Christi schloss die Augen und ließ Jennys Stimme über sich fließen wie Wasser aus einem Gebirgsbach. Die Worte drangen kaum zu ihr hindurch – aber sie fühlte in diesem Moment, wie Gott sie reinigte. Auch als ihr Tränen in die Augen traten, war ihr Herz voller Freude. Sie erkannte mehr als jemals zuvor, wie sehr Gott sie liebte und sie erneuern wollte.

Kurze Zeit danach trafen sich Christi und eine der Mentorinnen mit Sandra und Erica in einem Café. Dieses Treffen war schwierig. Christi erzählte ihnen von dem sexuellen Missbrauch durch ihren Onkel und den Cousin. Sandra war schockiert. Sie hatte Christi all die Jahre zuvor geglaubt. Nie hatte sie sich vorstellen können, dass etwas Ungehöriges vor sich ging.

Sie sprachen auch über Christis Gefühle der Verlassenheit und über ihre Wut. Sandra erklärte, dass sie Christi nicht habe wehtun wollen und dass sie ihre Entscheidungen aus Liebe heraus getroffen habe. Unter Tränen fingen Christi und Sandra an, einander mit anderen Augen zu betrachten. Das war ein weiterer Schritt in Richtung Heilung.

Jeder Tag, den Christi bei *Wellspring* verbrachte, vertiefte ihre Beziehung zu Gott. Besonders schätzte sie die Zeiten mit Jo, einer unserer Seminarleiterinnen, die Christis offizielle Mentorin wurde. Während der späteren Monate des Programms verbrachte sie gerne Zeit mit Jo und ihren zwei Kindern in deren Haus.

Ich wusste, dass Christi auf einem guten Weg war, als ich erfuhr, dass sie ihrem Onkel vergeben hatte und dass sie daran arbeitete, auch ihrem Cousin zu vergeben. Zum ersten Mal seit ihrer Kindheit war sie frei von Furcht und Scham. Ihr strahlendes Lächeln war keine Maske mehr – sondern es spiegelte die Freude ihres Herzens wider.

Bevor ich davon erfuhr, war es schon Zeit für Christi, das *Wellspring*-Haus zu verlassen und übergangsweise für drei Monate zu einer Gastfamilie zu ziehen. Ich wusste, dass sie bereit war, machte mir jedoch Sorgen wegen der Schulden, die sie angehäuft hatte, bevor sie zu uns kam. Aufgrund dieser Schulden würde man ihr weder ein Girokonto noch ein Auto bewilligen. Sie brauchte eine Arbeitsstelle, hatte jedoch keine ausreichende Ausbildung.

Herr, betete ich, *bitte hilf uns, eine Möglichkeit zu finden, damit Christi wieder auf die Beine kommen kann. Es scheint nur ganz vereinzelt Menschen zu geben, die bereit sind, diesen Mädchen eine zweite Chance zu geben. Wenn wir zu dir rufen, hast du versprochen, deine Kinder zu hören und ihre Gebete zu beantworten. Bitte zeige uns den Weg.*

Kurz danach traf ich einen Zahnarzt, der von *Wellspring* gehört hatte. „Ich würde sehr gern etwas für Ihre Organisation tun", meinte er. „Ich könnte eines Ihrer Mädchen als Dentalassistentin ausbilden. Wenn Sie denken, dass eine von ihnen dafür infrage kommt, dann lassen Sie es mich wissen."

Augenblicklich fiel mir Christi ein, und mir war klar, dass Gott mich auf diese Idee gebracht hatte. Ich fuhr direkt zum Haus ihrer Gastfamilie und ging zu ihrem Zimmer.

„Christi, ich glaube, Gott macht dir ein Angebot", sagte ich. „Könntest du dir vorstellen, Dentalassistentin zu werden?"

Christi antwortete, ohne zu zögern, mit Ja.

Heute ist Christi begeistert von ihrem Beruf und dass Gott ihr eine neue Möglichkeit geschenkt hat, sich beruflich zu entwickeln. „Als du damals zu mir kamst, habe ich mich so sehr darüber gefreut zu wissen, dass Gott sich um mich kümmert und Pläne für mich hat", erzählte sie mir kürzlich. „Es war, als ob er sagte: ‚Das hier ist für dich, das sollst du tun, und du wirst gut darin sein.' Ich hatte nie daran gedacht, einmal diesen Beruf zu ergreifen, aber ich mag es, dabei helfen zu können, dass Leute sich besser fühlen. Wenn sie wieder lächeln können, verändert es ihre ganze Einstellung zu sich selbst."

Heute bekommen mehr Leute denn je Christis Lächeln zu sehen. Vor Kurzem lud ich Christi und Sandra ein, einen kleinen Vortrag bei einem Mutter-Tochter-Wochenende zu halten, das ich mit einem Team zusammen für die Gemeinde, in der Christi groß geworden war, organisierte. Viele der Anwesenden wussten von den Kämpfen, durch die Sandra und Christi gegangen waren. Manche von ihnen hatten jahrelang für sie gebetet.

Christi sprach zuerst. Sie stand auf einer großen Bühne, von wo zwei riesige Monitore den Anwesenden ihr Bild übertrugen. Sie war nervös, aber ihre Worte erreichten auf direktem Weg das Herz jeder Frau.

„Ich dachte immer, dass es bei Gott nichts als Regeln gäbe und dass er langweilig sei", berichtete Christi. „Aber er ist nicht langweilig. Er ist unbeschreiblich. Er ist wunderbar. Er hat mein Leben völlig verändert."

Sandra erzählte die biblische Geschichte von Jairus, die ihr so viel bedeutet hatte, und zitierte die Worte, an die sie sich geklammert hatte: „Fürchte dich nicht. Glaube nur, und sie wird geheilt werden." „Gott hat *Wellspring* benutzt, um Christi ihre Identität wiederfinden zu lassen, sie zu heilen und uns unser kostbares Kind wiederzugeben", erzählte Sandra, wobei sie mit den Tränen kämpfte. „Er ist so gut."

Als Sandra fertig war, stellten sich die beiden Arm in Arm nebeneinander vor das Publikum. Alle standen auf, um ihnen einen mächtigen Applaus zu geben. Ich war so stolz auf die beiden.

Nach der Veranstaltung kam eine Frau nach der anderen auf Christi und Sandra zu, um ihnen zu danken, dass sie gekommen waren – und um sie um Rat zu fragen. „Meine Tochter macht gerade dasselbe durch", sagten mehrere von ihnen. „Was soll ich tun?"

Gott hatte Christi und die Beziehung zu ihrer Mutter geheilt. Nun gebrauchte er sie als Beispiel, um auch anderen Heilung zu bringen. Diese Erfahrung machte Christi dankbarer als jemals zuvor für Gottes Gnade und die erneuerte Beziehung zu ihrer Mutter.

„Sie ist die wichtigste Frau in meinem Leben", erklärte Christi. „Ich gehe mit meinem Problemen zu ihr und bin ganz oft mit ihr zusammen. Sie ist meine beste Freundin."

Die Reise war lang und hart. Aber Sandra sagt, sie würde mit niemandem tauschen.

„Die Freude hat gesiegt", sagte sie. „Ich wäre bereit, alles noch einmal zu durchleben, wenn es uns wieder an diesen Punkt bringen würde. Gott wusste, was er tun musste, damit Christi sich ihm zuwandte, damit *wir* uns ihm zuwandten. Die Freude hat gesiegt."

Clarissa

Wir sind alle Siegerinnen

Wenn ich von den „siegreichen" Frauen von *Wellspring* spreche – Frauen, die sich mit allem, was sie sind, Gott zu Verfügung stellen –, dann denken manche Leute, dass ich damit die jungen Frauen meine, die unser Programm durchlaufen haben. Natürlich gehören sie dazu, aber ich meine nicht nur sie allein.

Wellspring ist auch ein Netzwerk von Angestellten, Mentoren, ehrenamtlichen Helfern, Vorsitzenden und anderen Männern und Frauen unserer Gemeinschaft, die sich für Gott einsetzen und Veränderungen in dieser Welt bewirken wollen. Sie tun dies unter anderem durch ihre Mitarbeit in unserem Warenhaus in Peachtree City. Dieser Secondhandladen mit gehobenen Preisen unterstützt unsere Arbeit durch den Verkauf von gespendeten Kleidungsstücken, Möbeln und Dekoartikeln. Wirklich effektiv ist diese Einrichtung jedoch vor allem wegen ihrer Mitarbeiter und ehrenamtlichen Helfer. Die Herzen dieser Menschen schlagen für Gott und für die jungen Frauen, denen wir zu dienen versuchen. Ebenso wie die Mädchen, die zu uns kommen, hat auch jeder von ihnen eine eigene Geschichte.

Deshalb möchte ich Ihnen von Clarissa erzählen.

* * *

Die Atmosphäre auf der Heimfahrt war merkwürdig angespannt. Clarissa und ihr Ehemann Jeff hatten gerade ihren fünfzehnjährigen Sohn am Flughafen von Atlanta abgesetzt. Robert flog zu einem zweiwöchigen Sommer-Fußballcamp an der Duke-Universität, auf das er sich schon lange gefreut hatte. Auf der Fahrt zum Flughafen hatten sie sich angeregt mit Robert unterhalten – hatten ihm Fragen über das Camp und seine Pläne für den Sommer gestellt. Aber jetzt, wo Robert nicht mehr bei ihnen im Auto saß, gab es auf einmal wenig zu sagen.

Clarissa warf vom Beifahrersitz einen verstohlenen Blick auf Jeff. Nach vierundzwanzig Jahren Ehe war er mit seinem kantigen Kinn und dem kurz geschnittenen, grau melierten Haar gut aussehend wie eh und je. In der letzten Zeit war er zwar äußerst launisch gewesen. Aber das hatte sie auch schon früher erlebt, und schließlich hatten sie gerade noch mit dem Umzugsstress zu tun. Jeff war Berufsoffizier bei der US-Army, und bei jeder Versetzung an einen anderen Ort irgendwo auf der Welt war Clarissa mit ihm gegangen. Dieses Mal war es nicht anders, obwohl Jeff schon früher nach Peachtree City gekommen war, um ein Haus für die Familie zu finden. Sie und Robert waren vor zwei Wochen hergekommen.

Wahrscheinlich ist er nur ein wenig aufgeregt wegen Roberts Abreise, dachte Clarissa. *Wenn wir uns erst einmal eingerichtet haben, wird es ihm sicher besser gehen.*

Als sie auf der Autobahn 85 dahinsausten, klingelte Jeffs Handy. Es war Lisa, ihre Immobilienmaklerin. Jeff war Hobbyfotograf; da sie das wusste, bot sie ihm an, ein Objektiv abzuholen, das er bei einem Fotoladen bestellt hatte.

Clarissa war leicht irritiert. Lisa hatte in den letzten Tagen häufiger angerufen und war auch mehrmals in ihrem Haus in Peachtree City aufgetaucht, manchmal aus Gründen, die überhaupt nichts mit dem Kauf des Hauses zu tun hatten. Clarissa und Jeff hatten darüber gesprochen. Lisa war eine attraktive

Frau und ließ sich gerade scheiden. Jeff war einverstanden gewesen, dass es das Beste für sie beide sei, sich wieder von Lisa zu distanzieren, sobald der Kauf des Hauses unter Dach und Fach war.

„Ich könnte das Objektiv am Montag für dich abholen", sagte Clarissa.

Jeffs Augen blieben fest auf die Straße gerichtet. Clarissa war über die Schärfe in seiner Stimme überrascht, als er antwortete: „Weißt du überhaupt, wo der Laden ist?"

„Nein", erwiderte sie. „Aber ich habe noch jedes Mal, wenn wir umgezogen sind, herausgefunden, wo sich welche Geschäfte befinden. Diesen Laden werde ich ganz sicher auch finden."

„Vergiss es einfach. Lisa wird das erledigen."

Die restliche Fahrt verbrachten sie schweigend.

Als sie zu Hause ankamen, zog Clarissa sich Arbeitskleidung an. Die wesentlichen Dinge hatten sie schon ausgepackt und die Küche sah schon richtig gut aus. Es war Zeit, das Wohnzimmer in Angriff zu nehmen, das hinter den Stapeln der noch nicht ausgepackten Umzugskartons nur halb zu sehen war. Im Lauf der Jahre hatte Clarissa gelernt, mit leichtem Gepäck zu reisen, aber ein Umzug war nach wie vor ein großes Projekt.

Sie saß gerade auf einem Hocker und packte die erste Kiste aus, als Jeff hereinkam.

„Wir müssen reden", sagte er.

Clarissa sah auf. Was hatte er nur? „Okay", antwortete sie.

Jeff holte tief Luft und sprach dann sehr schnell. „Ich will in meinem Leben alles, was ich tue, leidenschaftlich und mit Begeisterung tun", erklärte er. Er sah aus dem Fenster. „Was dich angeht, empfinde ich keine Leidenschaft und keine Begeisterung mehr. Ich habe dich die ganzen zwanzig Jahre lang nicht geliebt. Ich will nicht mehr verheiratet sein. Darüber musst du jetzt nachdenken und entscheiden, wie du damit umgehen willst. Ich komme in ein paar Tagen zurück, dann kannst du mir sagen, was du tun willst."

Clarissa saß da wie erstarrt. Das Blut gefror ihr in den Adern. *Hat er das wirklich gesagt, was ich da gerade gehört habe?*

Sie blinzelte, als ob sie die Erinnerung an einen schlechten Traum auslöschen wollte. Aber es war kein Traum. Jeff stand noch da und wartete auf eine Antwort.

„Ich ... ich kann nicht glauben, dass du mir so etwas sagst."

Sie dachte zurück an einen Moment in ihrem Haus in New York vor ein paar Monaten, als sie darüber nachdachten, nach Georgia zu ziehen. Jeff hatte sie aufmunternd in den Arm genommen und gesagt: „Das haben wir doch schon oft geschafft. Dieser Umzug wird uns nicht so schwerfallen." Dieser Mann war ihr Ehemann, der Mann, den sie kannte und verstand. Wer war dieser Mann, der hier jetzt vor ihr stand?

Clarissa fand ihre Stimme wieder. „Warum arbeiten wir nicht zusammen daran? Wir könnten uns einen Eheberater suchen."

Jeff schüttelte den Kopf. „Ein Eheberater wird nichts anderes tun, als uns zum Reden zu bringen, und ich will nicht reden."

Clarissa war fassungslos. Sie konnte nichts mehr erwidern.

Jeff wartete ein paar Augenblicke. Dann war er weg.

* * *

Es gab noch weitere furchtbare Überraschungen. Clarissa erfuhr bald, dass Jeff sich mit Lisa, ihrer Maklerin, traf. Ein paar Wochen später kam der nächste Schock: Lisa war schwanger.

Als Robert vom Fußballcamp zurückkehrte und entdeckte, was zu Hause vor sich ging, war er bestürzt und wütend. Clarissa fühlte sich wie betäubt. Sie verstand nicht, was mit ihrem Mann geschehen war. Sie wusste nicht, warum ihre Ehe dabei war, zu zerbrechen. Plötzlich sah sie sich in der Situation, einen Teenager allein großzuziehen. Außerdem kannte sie noch niemanden in Peachtree City.

Noch nie hatte sie sich so allein gefühlt.

Aber Clarissa kannte jemanden, dem sie vertraute. Seit sie ein kleines Mädchen in Kentucky gewesen war, hatte sie an Gott geglaubt. Nun verließ sie sich auf ihn wie noch nie in ihrem Leben. Sie ging bei jeder sich bietenden Gelegenheit in die Kirche und betete täglich – manchmal stündlich.

Warum, Herr?, fragte sie. *Warum tut Jeff so etwas? Wie kann er mich und Robert verlassen wegen einer Person, die er kaum kennt? Liegt es an mir? Was soll ich jetzt tun? Herr, es tut so weh. Bitte bring Jeff zurück oder zeig mir einen Weg, mit diesem Schmerz zu leben, denn ich glaube, dass ich das nicht schaffe.*

Gott brachte Clarissa ihren Mann nicht zurück. Trotz ihrer Einwände reichte Jeff die Scheidung ein.

Aber Gott führte Clarissa einen Weg durch ihre Qualen hindurch. Obwohl sie sich davor scheute, den Menschen in der großen Gemeinde, die sie besuchte, zu begegnen, wurde das Gebäude als solches für sie zu einem ruhigen und willkommenen Zufluchtsort.

Dann traf Clarissa während einer Einkaufstour in Peachtree City eine alte Freundin wieder. Laura war auch mit einem Mann aus der Army verheiratet und er war in der Gegend stationiert. Endlich hatte Clarissa jemanden, mit dem sie reden konnte. Als Laura sie in ihre Gemeinde einlud, entschied sich Clarissa, nun den Gottesdienst dort zu besuchen, und schloss sich einer der Kleingruppen an.

Der innere Schmerz ließ nicht nach. Täglich spürte sie den Vertrauensbruch und die Demütigung wie Messerstiche in ihrem Herzen. Aber Gott war mit seiner Hilfe für sie noch nicht am Ende.

Es war ein schwüler Morgen im September, mehr als zwei Monate nach Jeffs Entscheidung, Clarissa zu verlassen, als es an ihrer Tür läutete. Die Frau, die auf der Schwelle stand, kam ihr vage bekannt vor.

„Hi, Clarissa", sagte die Frau. „Mein Name ist Alice. Wahrscheinlich erinnerst du dich nicht an mich, aber du hast nebenan bei meiner Schwester gewohnt, als dein Mann in Kansas stationiert war. Sie hörte, dass du hierhergezogen bist, und meinte, ich solle mal bei dir vorbeischauen. Ich wohne gegenüber – wir sind praktisch Nachbarn!"

Auf diese Weise hatte Clarissa noch eine weitere Freundin gefunden. Bald schon traf sie sich mit Alice zum Mittagessen in einem Restaurant und erzählte ihr alles.

„Jetzt suche ich eine Arbeitsstelle", sagte Clarissa. „Ich weiß nicht, wie alles mit Jeff weitergehen wird, und ich habe zu viel freie Zeit. Ich muss etwas Sinnvolles tun."

Alice tätschelte ihre Hand. „Du bist also auf der Suche, und ich glaube, ich weiß schon, was für dich das Richtige ist", meinte sie. „Du könntest bei *Wellspring* ehrenamtlich mitarbeiten." Alice erklärte ihr alle Einzelheiten über unser Hilfsprogramm für junge Frauen, die ihr Leben neu aufbauen wollen, und über den Laden, durch den ein Teil der nötigen finanziellen Mittel für unsere Arbeit eingenommen wird. Sie erzählte Clarissa alles über die Arbeit im Laden, seit er eröffnet worden war.

„Es ist einfach super, dort zu arbeiten", meinte Alice. „Es ist mehr als ein Job oder ein Ort, an dem man sich ehrenamtlich einbringt. Wir sind füreinander da. Wir sind wie eine kleine Familie."

Danke, Herr, dachte Clarissa. *Das könnte wirklich der richtige Platz für mich sein.*

An einem bewölkten Nachmittag einige Wochen später holte Alice Clarissa ab und fuhr sie zu dem Laden, der Teil eines Einkaufszentrums ist. Clarissa war dankbar für die Unterbrechung. Es war ein schwerer Vormittag gewesen, an dem sie die ganze Zeit an Jeff gedacht hatte.

Alice führte sie durch die Hintertür des Ladens und in einen kleinen Raum mit einem Tisch und Stühlen. Sie gab Clarissa einen blauen Kittel, füllte ein Namensschild aus und befestigte es an ihrer Bluse.

„So, jetzt gehörst du offiziell dazu", sagte sie grinsend.

Weitere ehrenamtliche Helfer trafen ein. Alice lud alle ein, am Tisch Platz zu nehmen, und stellte ihnen Clarissa vor. Jede der vier Mitarbeiterinnen begrüßte sie warmherzig. Dann las Alice laut einen Abschnitt aus einem Buch von Max Lucado vor. Darin wurde das Opfer beschrieben, das Jesus für jeden, der ihm von ganzem Herzen nachfolgen möchte, erbracht hat: „Das Kreuz war schwer, das Blut echt und der Preis unschätzbar ... Das ist Gnade."

Herr, du hast dich für mich geopfert – du hast den höchsten Preis bezahlt!, dachte Clarissa. *Wer bin ich, dass ich mich über meine Probleme beklage? Danke, dass du mich so sehr liebst, dass du für mich gestorben bist.*

Alice betete kurz mit den Mitarbeitern, dann ging sie mit ihnen die Aufgaben durch, die jede Einzelne an diesem Tag erledigen sollte. Anschließend wurde Clarissa durch den ganzen Laden geführt.

Sie war überrascht von dem, was sie sah. Zuerst fiel ihr Blick auf ein beigefarbenes Zweiersofa, das nagelneu aussah. Dann strich sie mit der Hand über ein Bücherregal aus Ahorn. *Das ist doch keine Second-Hand-Ware,* dachte sie. *Das ist sehr hochwertige Ware.* Ein paar Minuten später lernte sie schon, wie man gespendete Gegenstände aufnimmt, klassifiziert und den Preis für sie festlegt. Die Zeit verging wie im Flug. Als die Schicht vorbei war, bemerkte Clarissa, dass sie während der ganzen Zeit nicht an Jeff oder ihre Probleme gedacht hatte.

Alte Kleider fremder Leute zu sortieren, liegt mir nicht so besonders, überlegte sie. *Aber ich fühle mich so gut! Einen ganzen Nachmittag lang war ich produktiv und habe etwas gemacht, was anderen hilft.*

Als Alice Clarissa fragte, ob sie wiederkommen würde, sagte sie Ja.

In der folgenden Woche war Clarissa wieder da – von nun an kam sie regelmäßig jeden Mittwoch. Als wir dann im Dezember beschlossen, einen bezahlten „Teamleiter" für jeden Tag einzusetzen, wurde Clarissa offiziell unsere Mitarbeiterin und kam auch oft an anderen Tagen.

Ihre Tätigkeit im Laden wirkte auf Clarissa wie eine Verjüngungskur. Sie schätzte die anderen ehrenamtlichen Helfer, mit denen sie zusammenarbeitete. Manche waren Rentner, die eine gute Sache unterstützen wollten. Andere waren Gemeindemitglieder, die in der Gesellschaft etwas bewirken wollten. Eine Gruppe von Männern kam jeden Samstag, um eine Ladung Möbel abzuliefern. Wieder andere wurden wegen Alkohol am Steuer zu uns geschickt, um einen gemeinnützigen Dienst abzuleisten. Diese Leute kamen sogar wieder, nachdem sie ihre Verpflichtung erfüllt hatten.

Jeder kam, um zu dienen. Viele von ihnen, so wie Clarissa, brauchten jedoch selber Heilung.

Kendra war eine Frau in den Vierzigern, die an einer Muskeldystrophie litt. Sie konnte allmählich ihre Hände nicht mehr bewegen und war an den Rollstuhl gefesselt. Aber jeden Dienstagnachmittag kam sie zum Laden, um Kleidungsstücke auszuzeichnen oder in irgendeiner anderen Weise zu helfen. Rebecca, die Frau, die immer mit ihr zusammenarbeitete, hatte ihre eigenen Probleme. Ihre Tochter war im Begriff, sich emotional von ihr abzuwenden, und lehnte es ab, dass Rebecca Zeit mit ihrer Enkelin verbrachte.

Beide Frauen hatten allen Grund, verzweifelt zu sein; während der Gebetszeiten, die vor jeder Schicht stattfanden, brachen sie sogar gelegentlich vor Kummer zusammen. Aber wenn Clarissa mit Kendra und Rebecca zusammenarbeitete und dabei hörte, wie sie miteinander sprachen, beobachtete sie jedes Mal, dass die beiden Frauen Freude ausstrahlten. „Ich hole dir das schnell" und „Wie kann ich dir helfen?" waren typische Äußerungen. Ihre innere Haltung war einfach ansteckend.

Jeder Tag im Laden war für Clarissa ein guter Tag; das galt besonders für Samstage, weil dann immer einige Mädchen aus dem *Wellspring*-Haus kamen, um eine Schicht zu übernehmen. Clarissa freute sich, jede von ihnen kennenzulernen und die erstaunlichen Veränderungen im Leben der jungen Frauen zu beobachten.

Clarissa mochte jedes der Mädchen sehr, aber ganz besonders Donna. Sie war älter als die meisten und war Mutter von zwei kleinen Kindern. Die anderen Frauen gaben ihr den

Spitznamen „Mama Donna", weil sie dazu neigte, sich auch ihnen gegenüber als Mutter aufzuspielen, indem sie immer darauf bestand, dass jeder seine Sachen aufräumte. Sie hatte ein warmherziges Lächeln und für jeden um sich herum ein freundliches Wort.

Als Donna die erste Phase des Programms durchlaufen hatte und sich darauf vorbereitete, wieder arbeiten zu gehen, baten wir Clarissa, sich mit ihr allein zu treffen und darüber zu sprechen, was sie in dem neuen Lebensabschnitt erwartete. Clarissa und Donna erzählten einander ihre Geschichten; dabei erfuhr Clarissa, dass Donnas Ehemann drogen- und alkoholabhängig war und sie darum die schwierige Entscheidung treffen musste, ihre Kinder vom Vater zu trennen. Noch bevor sie sich gegenseitig alles erzählt hatten, mussten sie beide weinen.

Meine Situation ist furchtbar, dachte Clarissa später, *aber vielleicht will Gott mir bewusst machen, dass andere Menschen ebenfalls schlimme Probleme haben. Donna setzt alles daran, ihr Leben in Ordnung zu bringen. Sie war allein, war jedoch bereit, ihr altes Leben hinter sich zu lassen und sich ganz auf Gott zu verlassen. Dafür brauchte sie ein hohes Maß an Glauben und Vertrauen.*

Jetzt soll ich Donna helfen, aber ich habe den Eindruck, dass sie mich mehr inspiriert hat als ich sie. Allein ihren Glauben und ihre Entschlusskraft zu sehen, gibt mir mehr Zuversicht.

Ich versuchte auch, Clarissa zu ermutigen. Ich erinnerte mich noch – wer könnte so etwas jemals vergessen – an den schockierenden Moment, als ich entdeckte, dass mein Mann eine Affäre hatte. Ich dachte, mein Leben sei vorbei. Ich wusste noch nicht, dass Gott diesen Albtraum benutzen würde, um mich näher zu ihm zu ziehen und mir eine aufregende, neue

Lebensperspektive zu zeigen. Ich erzählte Clarissa davon und sagte ihr, dass ein schmerzhaftes Ende auch ein wunderbarer Neuanfang sein könne.

Aber ich glaube, Clarissa hatte diese Erkenntnis schon selbst gewonnen. Obwohl sie auf eine harte Probe gestellt wurde, womit sie nie gerechnet hätte, schien sie instinktiv Gott wegen ihrer Zukunft zu vertrauen. Sie wusste, dass ihr Leben eines Tages wieder in Ordnung kommen würde. Gott würde sich irgendwie um sie kümmern.

Clarissas erstes Jahr in Georgia war einerseits das schlimmste ihres Lebens, in anderer Hinsicht war es jedoch auch eines ihrer besten. Ihre Beziehung zu Jesus wurde immer intensiver, denn sie konzentrierte sich ganz auf ihn und las viel in der Bibel. Als die Wochen vorübergingen, wurde ihr Glaube immer tiefer, denn sie entdeckte, was ihr noch alles an Gutem geblieben war und was Gott an neuen Segnungen für sie bereithielt.

Eine dieser neuen Segnungen war eine Arbeitsstelle. Clarissa war nicht der Typ Frau, die mit ihren Fähigkeiten prahlte, aber allmählich zeigte sich, wo sie ganz besondere Gaben hatte. Sie hatte früher bei der Army schon oft größere Veranstaltungen organisiert. Außerdem hatte sie eine Ausbildung als Innenarchitektin absolviert. Sie legte eine stille Kompetenz an den Tag, auf die sich die festen Mitarbeiter wie auch die ehrenamtlichen Helfer im Laden mehr und mehr verließen.

Im Juli 2005, etwa ein Jahr nachdem Clarissa nach Georgia gezogen war, fragten wir sie, ob sie bereit wäre, die Leitung des *Wellspring*-Ladens zu übernehmen. Dankbar nahm sie an. Seit diesem Tag entwickelten sich die Produktivität und das Einkommen des Ladens so positiv, dass wir vor Kurzem ein zweites Geschäft im Norden von Atlanta, in Roswell, eröffneten; und dies ist nicht zuletzt Clarissas Verdienst als verantwortliche Geschäftsführerin.

„Es ist ein ganz besonderer Ort", sagt sie heute über den Laden. „Die Leute arbeiten dort, weil sie das gerne tun und weil sie anderen dienen wollen. Ich sehe nur freundliche, lachende Gesichter, und alle geben sich Mühe, einander zu helfen. Ich bin so glücklich, ein Teil des Ganzen zu sein."

Ihr Sohn Robert studiert heute in einem anderen Bundesstaat, darum ist Clarissa dankbar für die Freunde, die sie durch *Wellspring* und auch darüber hinaus gefunden hat. Vor Kurzem musste sie sich an ihrem Fuß operieren lassen. Dina, eine ehrenamtliche Helferin im Laden, holte sie um 5.15 Uhr zu Hause ab, um sie in die Klinik zu fahren. Eine andere Freundin holte sie abends wieder ab. Während der Zeit, in der sich Clarissa zu Hause erholte, wurde sie mit frisch zubereiteten Mahlzeiten und freundlichen Anrufen, mit denen man ihr gute Besserung wünschte, geradezu überschüttet. Dina holte sie dann auch noch einmal ab, um sie zum Frisör zu bringen.

„Dina und all die anderen waren so lieb, so aufopferungsbereit mir gegenüber", meint Clarissa. „Das hat mir sehr viel bedeutet. Es ist, als ob ich jetzt eine neue Familie hätte."

Die anderen sind der Meinung, dass Clarissa mindestens genauso viel zurückgibt. Sie spricht nicht oft mit den Ehrenamtlichen über das Scheitern ihrer Ehe – die Scheidung wurde vor Kurzem vollzogen –, aber wenn sie den Eindruck hat, dass es jemanden, der eine harte Zeit durchmacht, ermutigen könnte, dann erzählt sie von ihren Kämpfen. Rebecca, die ehrenamtliche Helferin, deren Tochter sich von ihren Eltern distanziert, war nur eine Person, die Clarissas Mitgefühl erlebte und dankbar annahm.

„Clarissa ist einfach unglaublich", sagt Alice von ihrer Freundin. „Die Mädchen und ehrenamtlichen Helfer lieben sie. Sie ist so unkompliziert und vorurteilsfrei. Wenn ich mir überlege, was sie leistet, nach allem, was sie durchgemacht hat, ist sie eine echte Ermutigung für mich."

Ich stimme dem von ganzem Herzen zu. Durch Menschen wie sie ist *Wellspring* überhaupt erst möglich. Sie begegnet anderen mit der Liebe Jesu, die sie im Herzen trägt.

Wird Clarissa dadurch zu einer siegreichen Frau für Gott? Sie lacht über diese Frage und sagt, dass sie sie vor ein paar Jahren sicherlich mit Nein beantwortet hätte. Aber heute …

„Ich habe immer geglaubt, dass kleine Dinge die Welt verändern", meint sie. „Alles, was wir tun, kann etwas bewirken. Sogar ein Lächeln. Sogar das Sortieren von gebrauchten Kleidungsstücken. Wir ermutigen einander und versuchen, mit kleinen Schritten ein paar jungen Frauen zu helfen, ihr Leben neu zu meistern. Wenn ich also jetzt darüber nachdenke, würde ich die Frage mit Ja beantworten. All diese kleinen Schritte summieren sich. Wir alle hier sind siegreiche Frauen."

Tracy
Dunkelheit und Licht

Es war sehr dunkel.

Tracy hatte der korpulenten Frau an der Tür der Lagerhalle gerade das Eintrittsgeld gegeben. Der kleine Vorraum, durch den sie hindurchgehen musste, war beinahe stockfinster – das Kabel mit den trüben roten Lichtern, das von der Decke hing, beleuchtete nur spärlich die Wände und die Tür am Ende des Raumes.

Eine spannende Mischung aus Aufregung und Angst durchströmte Tracy. Sie ging weiter und öffnete die nächste Tür.

Dieser Raum, der größer und besser beleuchtet war, stand voller Waren. Tracy warf einen Blick auf die Dinge – es waren wohl Werkzeuge –, hielt sich aber nicht weiter dort auf. Sie war nicht hierhergekommen, um etwas zu kaufen. Sie ging weiter bis zur dritten Tür. Jetzt konnte sie Musik hören. Sie öffnete die Tür, zögerte nur einen Moment und betrat dann ein Podium.

Sie befand sich in der „Kammer".

Es war ein großer Saal mit einer tief liegenden Tanzfläche, Discjockeys auf einer Bühne und einer langen Bar, an der Getränke jeder Art angeboten wurden. Laute Industrial-Musik – ein besonders lauter, aggressiver, experimenteller Musikstil jenseits des Mainstreams – dröhnte mit schweren Bassrhythmen aus den Lautsprechern. Lichter blinkten durch den Nebel des Zigarettenrauchs. Überall waren Leute, bestimmt zwei- oder dreihundert, die meisten waren junge Männer und Frauen in abstrusen Kostümen. Die Frauen trugen Korsetts und Schmuck im Domina-Stil, Peitschen und Lederstiefel. Die Männer waren als Transvestiten und Zimmermädchen verkleidet. Sie tanzten wie wahnsinnig, manche zu zweit oder zu dritt, manche allein.

Die vorherrschende Farbe im Raum war Schwarz.

Für Tracy war es, als ob sie am Rande einer Fantasiewelt stünde. Sie fühlte sich wie Alice im Wunderland, nur dass dieses „Wunderland" eher der Hölle als einem Kaninchenbau glich. Es war ein Ort, an dem das Böse gefeiert wurde; ein Raum, in dem eine solch vollständige Dunkelheit herrschte, dass es sich rein, fast schön anfühlte.

Tracy spürte den Drang, sich in dieser Dunkelheit zu verlieren. Endlich konnte sie dem Gefühl, das sie schon so lange innerlich beherrschte, einen äußeren Ausdruck geben. Sie sah noch einmal auf die Tür hinter ihr, dann lief sie schnell die Stufen am Rande des Podiums hinunter. Im nächsten Augenblick war sie in der wogenden Menge der Tänzer untergetaucht.

* * *

Dämonische Mächte hatten es auf Tracy abgesehen, noch bevor sie geboren wurde. Sie kam schwarzblau auf die Welt – und atmete nicht. Die Ärzte mussten das kleine Neugeborene an die Herz-Lungen-Maschine anschließen, während eine Krankenschwester, eine Freundin von Tracys Mutter, inbrünstig betete.

Später vermutete ein Arzt, dass die Schmerzmittel, die man Tracys Mutter Yvonne gegeben hatte, bewirkt haben könnten, dass Tracys Atmungsorgane ihre Funktion aufgaben. Aber Yvonne und ihr Freund glaubten an eine andere Theorie. Yvonne glaubte, die Gegenwart einer dämonischen Macht gespürt zu haben, die an jenem Tag das Leben ihres Babys bedroht hatte.

In den Jahren danach gab es jedoch keine weiteren Anzeichen für dämonische Angriffe. Tracy besuchte während ihrer Kindheit regelmäßig die Kirche, und im Alter von neun Jahren lud sie Jesus als ihren Erlöser in ihr Leben ein. Mehrere Monate lang hatte sie eine lebendige Beziehung zu ihm und war von einem für ihr Alter ungewöhnlichen Frieden erfüllt.

Im Lauf der nächsten drei Jahre verlor sie jedoch zunehmend das Interesse am Glauben. Ein Grund dafür waren die Konflikte in ihrer Familie. Tracy liebte ihre Mutter über alles, aber bei ihrem Vater sah das schon ganz anders aus. Jack war unberechenbar. Er konnte über den geringsten Anlass in Wut ausbrechen, und die Regeln, die für Tracy und ihre ältere Schwester zu Hause galten, änderten sich häufig. Tracy erfuhr, dass Jack vor ihrer Geburt wütend geworden war, als er herausfand, dass seine Frau mit einem zweiten Kind schwanger war. Tracy war sich oft nicht sicher, ob ihr Vater sie überhaupt liebte. Meistens verhielt er sich, als verachtete er sie.

Eines Tages, als Tracy vierzehn war, kam Yvonne eines Abends nicht nach Hause. Jack ging mit wachsender Ungeduld im Zimmer hin und her. Schließlich packte er Tracy und schubste sie in das Familienauto. Stundenlang fuhren sie auf der Suche nach Yvonne auf den Straßen ihrer kleinen Stadt in Florida umher.

Es war eine heiße, schwüle Nacht und die Sonne ging allmählich unter. Schließlich erblickten sie auf einem städtischen Sportgelände einen blaugrünen Ford Ranger hinter einem der Baseballfelder. Tracy erinnerte sich, diesen Wagen schon einmal in ihrer Nachbarschaft gesehen zu haben. Als sie näher heranfuhren, erkannte sie ihre Mutter im Fahrerhäuschen zusammen mit einem anderen Mann.

Tracy saß sprachlos auf ihrem Platz im Auto. Ihre Mutter war ihre Verbündete, die einzige Person, der sie vertraute.

„Jetzt weißt du Bescheid!", brüllte Jack. „Jetzt kennst du die Wahrheit!"

Yvonne zog bald nach diesem Abend aus und ließ Tracy mit einem Vater zurück, der sie zu hassen schien.

* * *

Ein Jahr später, als Tracy sich gerade um die Wäsche kümmerte, lief die Waschmaschine aus.

„Was ist das denn?", schrie Jack, als das Wasser sich über dem Küchenboden ausbreitete. „Das ist deine Schuld!" Er packte einen Stapel Handtücher und schmiss sie auf den Boden. „Wisch das jetzt auf – jeden Tropfen."

Tracy fiel auf die Knie und fing an zu wischen, den Rücken zu ihrem Vater gewandt, aber er hörte nicht auf herumzuschreien. Er wurde von Minute zu Minute wütender.

Plötzlich fühlte Tracy, wie er ihre Haare packte und ihren Kopf nach hinten riss. Seine Hand schlug sie hart ins Gesicht. Jack stand mit rotem Gesicht über ihr, er atmete schwer.

Tracy weinte in ihrem Zimmer bis zum nächsten Morgen. Sie traf eine Entscheidung: Sie würde ihrem Vater nie wieder erlauben, sie so zu behandeln; niemandem würde sie das erlauben. Sie würde es verhindern, solch einen Schmerz noch einmal zu erleben, egal, was es kosten würde.

Bald empfand Tracy alles um sich herum nur noch als dunkel. Sie wurde depressiv, sah keinen Sinn mehr in ihrer Existenz. Jeden Morgen kämpfte sie darum, aus dem Bett aufzustehen und den Tag in Angriff zu nehmen. Manchmal, wenn sie allein war, nahm sie ein Messer und ritzte sich an Stellen, die niemand sehen konnte – an den Schultern, an den Innenseiten der Oberschenkel. Dieser Schmerz gab ihr ein perverses Wohlgefühl, sie fühlte sich lebendig. Es war ein Weg, um die Dunkelheit, die sie in sich spürte, auszudrücken.

Als Tracy in die Highschool kam, beschlossen ihre Mutter und ihr Vater, ihrer Ehe eine neue Chance zu geben. Yvonne zog wieder zu ihrer Familie. In Tracys erstem Jahr an der Highschool, am Tag vor dem Valentinstag, hatte sie die Idee, ihre Eltern zu überraschen. Sie blieb zu Hause und buk einen Kuchen für sie. Aber als ihre Eltern an diesem Abend nach Hause kamen, beachteten Jack und Yvonne den Kuchen nicht. Stattdessen waren sie böse, weil Tracy nicht in die Schule gegangen war. Sie hatte doch nur gewollt, dass ihre Eltern sich über ihr Geschenk freuten, aber sie redeten nur von der Schule.

Schließlich ging Tracy in ihr Zimmer. *Ich werde nie etwas richtig machen,* dachte sie.

Sie hatte schon früher einmal an Selbstmord gedacht. Sie hatte Bilder vom Tod in ihr Notizbuch gezeichnet, ebenso einen dämonischen Totenkopf voller Einschusslöcher. Auch Gedichte über das Sterben standen darin; eins davon nannte sie „Was niemand weiß". Sie holte das Notizbuch hervor, legte eine CD von Isaac Hayes auf und nahm ein Teppichmesser, das sie von der Arbeit nach Hause mitgebracht hatte.

Tracys Zimmer sah eigentlich wie ein ganz gewöhnliches Mädchenzimmer aus – mit rosa Blumen auf der Tagesdecke und auf der Tapete, einem Schminktisch mit Haarbürsten und Ohrringen. Für jemanden, der sie nicht kannte, musste es hell und fröhlich aussehen. Aber für Tracy war dieses Zimmer nur eine weitere Zelle ihres dunklen Gefängnisses. Aus ihrer Sicht war alles schwarz.

Tu es doch einfach, dachte sie. *Mach einfach Schluss.* Sie schlug das Messer in ihr bloßes Handgelenk und beobachtete, wie das Blut und ihr Leben aus ihr herausflossen.

In diesem Moment – gerade als es so schien, dass die Dunkelheit endgültig gewonnen hatte – drang ein Lichtstrahl durch die Schatten.

Vielleicht, dachte Tracy plötzlich, *gibt es doch noch eine Hoffnung. Vielleicht könnte ich irgendwie Hilfe bekommen. Ich kann mir auch später noch das Leben nehmen. Vielleicht gibt es doch etwas, für das es sich zu leben lohnt.*

Tracy blinzelte. Überall war Blut – es durchdrang die Bettdecke, überflutete die rosa Blumen. Sie schrie um Hilfe. Ihre schockierten Eltern fuhren auf dem schnellsten Wege mit ihr ins Krankenhaus, wo ein Chirurg die Sehnen, die sie durchtrennt hatte, operierte.

Tracys Seele zu heilen, stellte sich jedoch als wesentlich schwieriger heraus. Sie verbrachte einen Monat in einer psychiatrischen Klinik, wo bei ihr eine manisch-depressive Erkrankung diagnostiziert wurde. Man behandelt sie mit Medikamenten, die sie betäubten. Später zog sie von zu Hause aus und fand auch Arbeit, aber ihre Tage blieben leer und bedeutungslos.

Im Alter von neunzehn Jahren musste Tracy feststellen, dass sie schwanger war. Es schien für sie keine andere Lösung als eine Abtreibung zu geben. Es brach ihr das Herz. Einige Zeit danach nahm sie in einem Nachtklub in Florida aus Versehen eine Überdosis eines Drogencocktails aus Morphium, Ecstasy und anderen Drogen. Zum dritten Mal in ihrem Leben stand sie am Rande des Todes, aber es gelang den Notärzten, sie wiederzubeleben.

Erneut brach Dunkelheit über sie herein. Eine düstere Prophetie füllte ihren Geist, der Gedanke, dass sie nicht älter als sechsundzwanzig Jahre alt werden würde. Als die Zeit verstrich, war sie mehr und mehr überzeugt davon, dass diese Prophetie echt war.

Sie hatte keine Zukunft.

Tracy wurde bewusst, dass sie ihr Leben nicht mehr allein bewältigen konnte. Sie zog wieder zu ihren Eltern, fand dort jedoch wenig Unterstützung. Sie fing an, sich noch öfter als früher zu ritzen, und gab sich der Depression einfach hin, um eine Entschuldigung dafür zu haben, das Wohlgefühl, das sie beim Ritzen empfand, erleben zu müssen. Eines Nachts, es war im Haus einer Freundin, empfand sie nichts als Wut und Hass für ihr eigenes Leben. Sie fing an, sich zu ritzen, und konnte nicht mehr aufhören. Bevor die Nacht vorbei war, hatte sie ihre Arme mehr als zweihundert Mal geritzt.

Dann zog Tracy mit ihren Eltern nach Atlanta. In dieser Stadt entdeckte sie „S und M"-Klubs (Sadomasochismus-Klubs). Die aufwendigen Kostüme und die exotische Ausstattung entsprachen ihrer kreativen Natur. Sie hatte die „Kunst der Dunkelheit" entdeckt. So wie eine Spinne ihr Opfer nach und nach umwickelt, wurde sie von dieser Szene mehr und mehr vereinnahmt.

Tracy war dreiundzwanzig, als sie annahm, wieder schwanger zu sein. Sie hatte Angst davor, es festzustellen, aber nach einer Nacht mit Alkohol und Drogen wachte sie am nächsten Morgen auf und war entschlossen, sich Klarheit zu verschaffen. Sie machte den Test in der Toilette eines Einkaufsmarktes und wartete auf das Ergebnis.

Es war positiv.

Tracy war am Boden zerstört. Sie rannte zu ihrem Auto, schlug die Tür zu und schrie unter Tränen. *Ich kann kein Baby haben,* dachte sie. *Ich bin nicht fähig, ein Kind aufzuziehen. Aber ich kann auch nicht noch einmal abtreiben – ich werde das nicht tun! Was soll ich nur machen?*

Sie ging nach Hause und rief Mark, den Vater des Kindes, an, um es ihm zu sagen. Mark war sehr erfreut. Er kam sofort zu ihr. Er wollte sie sogar heiraten. Aber Tracy, die zusammengerollt und weinend auf dem Sofa lag, wusste, dass dies nur ein weiterer Fehler sein würde. Schließlich ging Mark wieder fort.

Tracy verbrachte die meiste Zeit dieses Wochenendes im Bett. Sie konnte nicht arbeiten. Sie konnte nicht denken. Sie konnte unmöglich Mutter werden. Die dunkle Prophetie kam wieder über sie – dass sie nicht älter als sechsundzwanzig Jahre alt werden würde. Der Gedanke ging ihr nicht aus dem Sinn.

Jetzt blieb ihr noch eine letzte Hoffnung.

Gott, betete sie langsam, *wenn du da bist, wenn es dich gibt und du mich hören kannst, dann hilf mir bitte. Ich will nicht noch einmal ein Baby abtreiben. Ich weiß aber auch nicht, wie ich ein Kind aufziehen sollte, aber wenn es das ist, was du willst ... dann soll dein Wille geschehen.*

Drei Wochen später hatte Tracy eine Fehlgeburt. Es war furchtbar, aber sie war auch erleichtert.

Danach ging Tracy weiterhin in die Klubs und nahm Drogen. Aber das Gebet, das sie in ihrer Verzweiflung gestammelt hatte, sollte der Beginn von Gesprächen mit Gott sein. Ihr fiel auf, dass sie hin und wieder mit ihm sprach. Es war nichts Besonderes, sie sagte nur einfache, kurze Sätze wie „Ich brauche dich" oder „Zeig mir den Weg". Sie erwartete auch nicht wirklich eine Antwort.

Dann kam ein Tag im Juni, an dem Tracy ein für sie äußerst merkwürdiger Wunsch überkam. Sie dachte: *Ich will in die Kirche gehen.*

Sie sagte es Yvonne, die versprach, am nächsten Wochenende mit ihr einen Gottesdienst zu besuchen. Am Sonntagmorgen, nachdem sie am Abend zuvor wieder in der „Kammer" gewesen war, fuhren Tracy und ihre Mutter zu einer Kirche, in der Yvonne früher schon einmal gewesen war. Vor dem Gebäude standen die Menschen in einer langen Warteschlange. Sie erfuhren, dass an diesem Tag ein Stück mit dem Titel „Ewigkeit" aufgeführt wurde. Es war bereits ausverkauft, aber es würde drei weitere Vorstellungen geben. Tracy war sich nicht sicher, warum, aber sie war sehr enttäuscht. Sie und Yvonne beschlossen, zur zweiten Vorstellung wiederzukommen, aber diese war auch ausverkauft – ebenso die dritte.

Als sie schließlich zum vierten Mal an diesem Tag wiederkamen, gelang es Tracy und Yvonne irgendwie in die Kirche zu kommen, um die letzte Aufführung dieses Tages zu sehen. Für Tracy war dieses Stück wie ein Weckruf. Es handelte davon, wo ein Mensch seine Ewigkeit verbringen wird – im Himmel oder in der Hölle – und was das im Einzelnen bedeutete. Als Tracy über ihr bisheriges Leben nachdachte, wurde ihr klar, dass sie ziemlich genau wusste, in welche Richtung sie unterwegs war.

Nach dem Stück lud der Pastor die Zuschauer, die Jesus Christus in ihr Leben einladen wollten, ein, nach vorne zu kommen. *Wenn das die Wahrheit ist,* dachte Tracy, *dann muss ich nach vorne gehen.* Sie stand auf und ging mit vielen anderen aus der Menge nach vorne. Eine der Schauspielerinnen aus dem Stück – ein Engel mit Flügeln und Heiligenschein – setzte sich mit Tracy auf die Stufen, um mit ihr zu beten.

Wenige Minuten später lud Tracy Jesus erneut in ihr Leben ein.

Viele Menschen glauben, dass ihre Probleme sich in dem Moment, in dem sie Christen werden, verflüchtigen wie Eiswürfel in der Sonne. Aber die Dinge laufen häufig ganz anders. Für Tracy war es, als ob die Dunkelheit, die sie seit Jahren umgab, jetzt körperliche Formen annnähme. Sie konnte fast sehen, wie schwere schwarze Tentakeln aus der Schattenwelt nach ihr griffen, um sie festzuhalten.

Tracy fing an, die Bibel und andere Bücher über Gott zu lesen. Sie sehnte sich danach, mehr zu erfahren. Sie ging auch wieder in die Kirche. Täglich kniete sie vor Gott nieder, schrie und betete zu ihm. Aber die Dunkelheit wollte sie nicht gehen lassen. Es kam ihr vor, als ob alle dämonischen Kräfte ausschließlich auf sie losgingen, um sie zu quälen. Vergrabene Gefühle brachen in ihr auf: Wut und Hass.

Ihr Körper wurde zum Kampfplatz zwischen Licht und Dunkelheit. Sie spürte einen unglaublichen Druck, als ob alles aus ihr herausgequetscht würde. Sie bezweifelte, dass nach dem Kampf noch irgendetwas von ihr übrig wäre.

Eines Nachmittags, als sie allein auf dem Parkplatz eines Fast-Food-Restaurants stand, wurde der Druck zu viel. Tracy nahm ein Messer aus ihrer Handtasche. Sie drehte und wendete es in ihrer Hand und beobachtete, wie die Sonne auf der silbernen Schneide reflektierte. Sie hasste sich selbst und ihr ganzes Leben. Sie konnte nicht erkennen, wie es besser werden konnte. Sie war es müde, immerzu den Schmerz zu verstecken.

Mit Blick in den Rückspiegel fing Tracy an, symmetrische Muster in ihr Gesicht zu schneiden. Es war Kunst mit Blut – die Kunst der Dunkelheit. Als sie fertig war, rief sie ihre Mutter an,

die sofort kam und sie auf dem schnellsten Weg ins Krankenhaus brachte. Eine Krankenschwester brach in Tränen aus, als
sie Tracy sah.

Tracy verbrachte einen längeren Zeitraum in einer psychiatrischen Klinik. Yvonne betete inständig für ihre Tochter. Sie
wollte ihr helfen, wusste aber nicht, wie. Beiden war klar, dass
etwas ganz Entscheidendes geschehen musste.

In der Gemeinde sprach Tracy mit einer Frau, die schon früher versucht hatte, ihr zu helfen. Die Frau erwähnte *Wellspring*
und ermutigte Tracy, mit Christiana, einer unserer Mitarbeiterinnen, zu sprechen, die in dieselbe Gemeinde wie Tracy ging.
Tracy war skeptisch, und als sie sich mit Christiana traf und
mehr über das Programm erfuhr, machte sie das zugleich ängstlich und aufgeregt. War dies der Weg, der aus der Dunkelheit
herausführte?

Tracy brauchte eine Antwort von Gott. Sie betete und fastete
drei Tage lang, wusste danach aber immer noch nicht, was sie
tun sollte. Als sie am darauf folgenden Sonntag im Gottesdienst
saß, hatte sie den Eindruck, dass Gott ihr sagen wollte, sie solle
sich bei *Wellspring* anmelden.

Bald danach traf Tracy Christiana in einem Café. „Ich habe
mit Gott im Gebet über dein Erlebnis gesprochen", sagte Christiana. „Ich glaube, Gott möchte, dass du deine Medikamente ab
sofort absetzt und direkt zu *Wellspring* kommst. Bist du bereit,
das zu tun?"

Tracy schluckte. Sie hatte Angst, aber innerlich spürte sie,
dass sie genau das tun sollte. „Ja", antwortete sie.

Tracy glaubt, dass in diesem Moment etwas Übernatürliches
geschah. Gott hatte ihr den Weg zum Licht gezeigt. Er bot ihr
seine Hand an. Sie musste nur noch seine Hand nehmen, Ja zu

ihm sagen und dann würden die schweren, schwarzen Tentakel, die an ihr geklebt hatten, abfallen. Jetzt ging es nur noch um sie und Gott.

In der Nacht, bevor sie ins *Wellspring*-Haus zog, war Tracy so nervös, dass sie ihre Bibel mit ins Bett nahm. Sie brauchte etwas, an dem sie sich festhalten konnte. Sie hatte ihren Job als Leiterin eines Einzelhandelsgeschäfts aufgegeben und das einzige Leben, das sie kannte, hinter sich gelassen, so verrückt es auch war. Sie war sich jedoch sicher, dass es die richtige Entscheidung gewesen war. Wenn es das war, was Gott wollte, dann war sie entschlossen, alles dafür zu geben.

Tracy war zuerst schüchtern, kam dann aber schnell in Kontakt mit den Mitarbeitern und den anderen Mädchen. Obwohl sie unter Juckreiz litt und während der ersten zwei Wochen nicht sehr gut schlafen konnte, hatte das Absetzen der Medikamente bei ihr bemerkenswert wenige Nebenwirkungen. Sie kämpfte noch gegen die Depression, lernte aber allmählich, diese Gefühle Gott zu bringen, und erlebte, wie er ihr Frieden schenkte.

Tracys Leidenschaft für Gott wuchs. Das Licht verdrängte mehr und mehr die Dunkelheit in ihrem Inneren. Doch selbst jetzt gab die dunkle Seite nicht auf. Sie wollte Tracy zurückhaben.

Es gab Dinge, die Tracy nicht verstand. *Gott, du wusstest, dass wir durch all diese Leiden und Schmerzen und durch Elend gehen würden,* betete sie. *Also warum hast du uns erschaffen?* Es ergab für sie einfach keinen Sinn. Manchmal war sie ganz frustriert. Und wie ein kriechender schwarzer Nebel nutzte die Dunkelheit ihre Frustration aus, um wieder in ihr Herz zu dringen.

Es geschah an einem Samstagabend, etwa sieben Monate nachdem Tracy zu uns gekommen war. Sie hatte den ersten Teil des Programms schon durchlaufen; jetzt lebte sie bei einer Gastfamilie und hatte mehr Freiheiten. Doch das hatte auch seine negativen Seiten, denn sie spürte wieder den inneren Kampf; die dunkle Seite zog an ihr.

Noch bevor ihr klar wurde, was geschah, saß Tracy auf einmal im Auto und fuhr durch Atlanta in Richtung einer vertrauten Umgebung. Nichts hatte sich verändert – das unbeschriftete Lagerhaus, der düstere Vorraum, das Warenlager. Und plötzlich war sie wieder da, im Wunderland des Bösen.

„Tracy!", schrie eine Frau in schwarzem Leder. „Du bist wieder da!" Alte Freunde umringten sie und begrüßten sie begeistert. Tracy freute sich, sie zu sehen.

Aber es war nicht mehr das Gleiche. Tracy fühlte sich merkwürdig fehl am Platz, wie sie da auf der Tanzfläche inmitten dieser schwarzen Fantasiewelt stand. Sie genoss es, mit ihren Freunden zu reden, aber als sie ging, fühlte sie sich leer. Sie gehörte nicht mehr dorthin.

In dieser Nacht weinte Tracy. Es fiel ihr schwer, der Anziehungskraft dieser Welt zu widerstehen. Aber sie wusste, dass es einen besseren Platz für sie gab – einen Ort wahrer Schönheit, einen Ort des Lichts. Sie las immer wieder einen Bibelabschnitt, der ganz genau in ihre Situation passte:

„Du Königstochter, sieh mich an und höre aufmerksam, was ich dir sage: Vergiss dein Volk und die Familie deines Vaters! Der König begehrt dich wegen deiner Schönheit. Er ist dein Gebieter, verneige dich vor ihm!" (Psalm 45,11–12).

Tracys Kampf war noch nicht zu Ende. Nach dieser Nacht rief sie mich wochenlang jeden Samstag an, um mich zu bitten, für sie zu beten. Ich glaube, dass Gott durch diese Gebete eingriff und Tracy half zu erkennen, dass sie nie mehr an diese Orte der Dunkelheit zurückkehren musste. Er zeigte ihr, dass sie nur dann von den bösen Kräften befreit sein würde, wenn sie sich beständig auf ihn konzentrierte und ihn ehrte.

* * *

Heute ist Tracy wirklich frei, und sie steht nun auf der Seite der Schönheit und des Lichts. Sie hat mit ein paar anderen Mädchen aus ihrer Gemeinde einen Büchertisch organisiert. Sie vertritt unsere Mentorinnen bei *Wellspring*, wenn wir Hilfe brauchen. Sie ist für die Mädchen, die bei uns wohnen, eine Person geworden, bei der sie Zuflucht suchen, und das gilt besonders für diejenigen, die gerade einen Rückschlag erlebt haben. Sie betrachten Tracy als sicheren Hafen, als jemanden, der bedingungslos sagt: „Ich liebe dich."

Tracy hat die Dunkelheit und das Licht kennengelernt. Mehr als die meisten Menschen versteht sie, dass ein kontinuierlicher Kampf zwischen beiden stattfindet und was bei diesem Kampf auf dem Spiel steht. Sie steht heute auf Gottes Seite und kämpft für ihn.

Ich hatte vor Kurzem die Freude, einen ganz besonderen Sieg zu feiern, der in dem Kampf zwischen Licht und Dunkelheit errungen wurde. Zusammen mit etwa zwanzig anderen *Wellspring*-Absolventinnen, Mitarbeitern und Ehrenamtlichen trafen wir Tracy in einem Restaurant, um sie zu ehren. Es war ein ganz besonderer Anlass: ihr siebenundzwanzigster Geburtstag.

Jede von uns brachte ihr eine Rose und eine Karte mit. Wir überreichten sie ihr eine nach der anderen und erzählten der

Gruppe, was Tracy für jede von uns bedeutete. Tracy strahlte die ganze Zeit. Danach wollte sie selber etwas sagen.

„Ich habe meinen Geburtstag nie besonders gefeiert", erzählte sie leise. „Ich verstand nicht, warum ich mein Leben feiern sollte, wo ich doch den Tag meiner Geburt verachtete. Aber in den letzten Jahren hat Gott mir eine neue Perspektive gegeben. Als ich heute Morgen im Auto saß, wurde es auf einmal ganz hell in mir. Ich betete: ‚Herr, dies ist ein siegreicher Tag. Dämonische Kräfte haben seit dem Tag meiner Geburt versucht, mich anzugreifen. Aber hier bin ich, ich lebe und habe noch viele spannende Jahre vor mir.' Also ... wenn das nicht ein Grund ist, Gott zu loben!"

Während Tracy sprach und dabei von ihren Freunden umgeben war, sah ich, wie ihr fröhliches Lächeln immer mehr aus ihrem Inneren kam. Ich war berührt von ihrer Erscheinung. Ihr Gesicht glühte wie ein Leuchtfeuer.

Das war wirklich ein Tag, der gefeiert werden musste. Tracys ganze Haltung – und ihr Leben überhaupt – war ein Bild für Licht, das die Dunkelheit durchdringt. Ich lehnte mich in meinem Stuhl zurück und erwiderte Tracys Lächeln.

Das hier, dachte ich, *ist wahre Schönheit.*

Ava

Befreiende Liebe

Es gibt keine zweite Liebesgeschichte, die auch nur annähernd mit dem biblischen Bericht über Hosea und Gomer vergleichbar wäre. Im Auftrag Gottes und mit seinem Segen heiratet der Prophet Hosea eine untreue Frau namens Gomer. Er liebt sie zutiefst. Sie bauen ein gemeinsames Leben auf und bekommen drei Kinder. Doch ihr Glück ist nicht von Dauer. Gomer bricht Hosea das Herz, indem sie fortläuft, um sich mit fremden Männern einzulassen (vgl. Hosea 2,7).

Es ist eine tragische und vertraute Geschichte, aber mit einer ungewöhnlichen Wendung: Gott weist Hosea an, seine Frau wieder zu lieben (vgl. Hosea 3,1), und Hosea gehorcht. Als er entdeckt, dass Gomer zur Sklavin geworden ist, kauft er sie zurück.

Ich kann mir Gomers Gesichtsausdruck in dem Moment vorstellen, als Hosea das Silber und die Gerste übergab, um sie freizukaufen. *Warum tut er das?*, muss sie gedacht haben. *Er kann mich doch nicht mehr lieben, nach allem, was ich ihm angetan habe. Ich verdiene das nicht!*

Es ist ein Bild der Liebe, nach der wir alle suchen, aber an die wir nicht ganz glauben können: Gottes geduldige, befreiende Liebe für jeden von uns.

Die Mädchen, die das *Wellspring*-Programm durchlaufen, suchen verzweifelt nach dieser Art von Liebe. Aber auch wir, die versuchen, ihnen zu helfen. Ava, eine unserer Mentorinnen und Programmleiterinnen, entdeckte erst vor Kurzem für sich selbst die Weite und Tiefe dieser unbeschreiblichen, ewigen und befreienden Liebe Gottes.

* * *

Plötzlich trat das ungebetene Bild vor ihr inneres Auge: ein Schädel auf weißen Knochen ruhend, ein Skelett.

Ava zitterte und öffnete ihre Augen. Sie lag auf den Knien in ihrem Zimmer in einer kleinen Hochschule für freie Künste in Georgia. Eine Bibel lag vor ihr auf dem Boden. Sie hatte Zeit mit Gott verbracht und ihn gebeten, ihr einen Weg zu zeigen, wie es mit ihrer Beziehung zu ihrem Verlobten weitergehen sollte. *Aber was,* fragte sie sich, *hatte ein Skelett mit Steve zu tun?*

Ava und Steve waren praktisch seit dem Tag ein Paar gewesen, an dem sie sich vor sechs Jahren als Mitarbeiter bei einem Sommercamp begegnet waren. Sie waren zusammen erwachsen geworden. Jeder schien instinktiv zu wissen, was der andere jeweils dachte. Alle waren der Meinung, dass Gott diese beiden Menschen zusammengeführt hatte.

Nur hatte sich in den letzten Monaten etwas verändert. Ava konnte es nicht in Worte fassen, aber sie hatte den Eindruck, dass etwas in ihrer Beziehung nicht in Ordnung wäre. Steve war so distanziert. Nach dem Unterricht verbrachte er mehr und mehr Zeit damit, sich seinem neuen Interessengebiet, der Schauspielerei, zu widmen und war immer seltener mit Ava zusammen.

Als sie über das Bild von dem Skelett nachdachte, kam ihr plötzlich ein Bibelvers in den Sinn, den sie vor Kurzem bei einem Glaubenskurs-Wochenende gelesen hatte. Die überlieferten Worte von Jesus waren ihr noch frisch im Gedächtnis: „Weh euch Gesetzeslehrern und Pharisäern! Ihr Scheinheiligen! Ihr seid wie weiß angestrichene Gräber, die äußerlich schön ausse- hen; aber drinnen sind Totengebeine und alles mögliche Unge- ziefer, das unrein macht" (Matthäus 23,27).

Herr, was willst du mir sagen?, betete sie. *Ist so etwa meine Beziehung zu Steve – äußerlich lebendig und schön, aber innen voller toter Knochen?*

Je mehr sie mit Gott sprach, desto mehr wurde Ava bewusst, dass es so war. Sie hatte davon geträumt, Ehefrau und Mutter zu werden, seit sie ein kleines Mädchen war. Als Kind hatte sie fast ausschließlich mit Babypuppen gespielt und sich dabei immer den Tag vorgestellt, an dem sie einen Ehemann haben und Kin- der großziehen würde. Aber sie hatte versucht, Steve zu dem Mann ihrer Träume umzuformen, ohne darauf zu achten, was zwischen ihnen geschah. So wichtig er ihr auch war, es gab da etwas Nichtssagendes, eine Leere im Innersten ihrer Bezie- hung.

Langsam, zögernd sah sie der Wahrheit ins Gesicht: Sie musste diese Beziehung beenden. Sie konnte den Gedanken kaum ertragen, aber ihr war klar, dass Gott für sie beide etwas anderes im Sinn hatte.

Etwas später saß Ava auf dem Bett in ihrem Zimmer und versuchte, Steve ihre Gefühle zu erklären. Sie las ihm den Vers aus dem Matthäusevangelium und einen Eintrag aus ihrem Ta- gebuch vor.

Zuerst verstand Steve überhaupt nichts. Er dachte, dass Ava nur ihre Hochzeit verschieben wolle.

„Du verstehst mich nicht", sagte Ava, wobei sie darum kämpfte, ihre Gefühle unter Kontrolle zu behalten. „Ich gehöre dir nicht. Ich kann so nicht weitermachen. Diese letzten sechs

Jahre mit dir haben mir sehr viel bedeutet, aber ich bin jetzt sicher, dass Gott mich zu einem anderen Leben beruft."

Steve war eher verblüfft als verärgert. Sie sprachen noch weiter miteinander. Schließlich stand er auf, um zu gehen.

„Ich will nicht, dass du gehst", sagte Ava. „Wenn du jetzt durch diese Tür gehst, wird nichts mehr so sein, wie es war. Gar nichts."

Ava hatte recht. Für sie war das Ende der Beziehung unglaublich schmerzhaft, emotional wie auch physisch. Sie fühlte sich, als hätte sie alles verloren. Sie konnte weder schlafen noch essen und verlor fünfzehn Kilo. Sie war so lange mit Steve zusammen gewesen, dass sie jetzt den Eindruck hatte, als würde sie nur noch zur Hälfte existieren. Sie rief sogar eine Freundin an, um zu fragen, welche Dinge sie gern gemacht hatte, bevor sie Steve kennenlernte. Sie konnte sich nicht erinnern, was für eine Person sie früher gewesen war.

Da sie sich sonst an niemanden wenden konnte, verbrachte Ava mehr und mehr Zeit mit Gott im Gebet. Ihre Bitten nahmen einen verzweifelten Ton an. *Herr, was ist mit Steve und mir passiert?*, betete sie. *Was es auch immer ist, bitte bring das Problem in Ordnung und lass uns wieder zusammenkommen. Ich weiß nicht, wie ich weitermachen soll.*

Mit einundzwanzig Jahren sah sich Ava dem Wunsch ihres Herzens gegenüber – einem überwältigenden Bedürfnis zu lieben und geliebt zu werden. Sie dachte, dass menschliche Zuneigung, die Liebe eines Mannes, ihre Sehnsucht stillen würde. Aber Gott war dabei, ihr einen Weg zu zeigen, der ihr mehr Erfüllung gab.

Gott brachte Avas Beziehung mit Steve nicht wieder in Ordnung. Das Loch in ihrem Herzen blieb. Aber durch ihren

Schmerz und ihre Gebete hindurch bemerkte Ava, dass etwas Merkwürdiges geschah. Die Liebe, die sie jahrelang für Steve empfunden hatte, konzentrierte sich nun auf den Urheber der Liebe.

Sie setzte eine Leidenschaft für Gott frei, die sie nie gekannt hatte. Selbst wenn sie es gewollt hätte, Ava hätte sie nicht zurückhalten können. Fast ununterbrochen betete sie, dachte über Gott nach und sprach mit ihm. Wenn sie in ihr Tagebuch schrieb, wurden ihre Einträge Liebesbriefe für Gott.

„Gott, ich habe dir in den letzten Monaten mein gebrochenes Herz und so viel Not, Verwirrung, Schmerz, Einsamkeit, Angst und Tränen gebracht", schrieb sie. „Ich habe das alles mit dir geteilt, und du hast es genommen und mir geholfen, die Last zu tragen. Ich danke dir dafür! Jetzt will ich die guten Dinge, die du mir gegeben hast, weitergeben. Ich will die Freude, das Spannende, die Liebe, die Zufriedenheit, Lachen und Lächeln weitergeben. Ich will es alles dir geben und dich damit preisen. Ich will mehr von dir!"

Die innere Veränderung, die Ava erlebte, begann nach außen hin sichtbar zu werden. Sie fing wieder an, normal zu essen und zu schlafen. Ihr Gesicht strahlte eine neu gefundene Gelassenheit aus.

Eines Abends läutete in ihrem Zimmer das Telefon. Es war Sally, eine Freundin, die sich kürzlich verlobt hatte.

„Ava", sagte sie unter Tränen, „kann ich zu dir rüberkommen?"

Ein paar Minuten später saßen Sally und Ava zusammen bei Ava auf dem Boden. „Ich kann dir gar nicht sagen, was los ist", meinte Sally, „aber würdest du für mich beten?"

Sally schien es nach dem Gebet besser zu gehen.

„Weißt du, Ava", sagte sie, „ich beobachte gerade dein Leben, und obwohl du eine so harte Zeit durchmachst, hast du einen solchen Frieden. Das will ich auch haben. Ich möchte am liebsten in deiner Nähe sein, damit deine Leidenschaft für Gott auch mich ansteckt."

Was Sally da sagte, haute Ava förmlich um. Sie war in einer christlichen Gemeinde aufgewachsen und hatte immer an Gott geglaubt. Aber jetzt verstand sie zum ersten Mal, dass Gott genau so war, wie er es sagte. Sogar andere Menschen konnten sehen, was mit ihr geschah. Er schenkte ihr eine neue Ebene der Vertrautheit mit ihm.

Herr, jetzt verstehe ich!, betete sie. *Du wirst zu mir sprechen, mich leiten und nahe zu dir ziehen, wenn ich nur nahe bei dir bleibe. Danke, dass du mir das gezeigt hast. Danke, dass du mein Leben verändert hast!*

Ava merkte bald, wie sie sich auch in anderen Lebensbereichen veränderte. Sie war immer sportlich gewesen – sie spielte Basketball im Schulteam der Highschool – und hatte von sich selber nie gedacht, besonders mädchenhaft zu sein. Nun, da ihre Beziehung zu Gott tiefer wurde, hatte sie auf einmal den Wunsch, zu verstehen, was es heißt, eine gottesfürchtige Frau zu sein und dieses Wissen mit anderen zu teilen. Obwohl ihr letztes Semester an der Universität sie sehr in Anspruch nahm, las sie unablässig Bücher über große Frauen des Glaubens. Dann fing sie an, eine Kleingruppe für Erstsemesterstudierende zu leiten, in der sie die Rolle der Frau in Gottes Familie betrachteten.

Ende Dezember sollte sie ihr Studium mit einem Bachelorabschluss in Englisch beenden. Danach wollte sie entweder noch ihren Magisterabschluss machen und nebenher als

Kindermädchen arbeiten oder im Ausland Englisch unterrichten. Dann erfuhr sie von ihrer älteren Schwester, dass ein Dienst für junge Frauen in der Entstehungsphase war, der „*Wellspring* Living" genannt werden sollte. Ava nahm bald Kontakt zu mir auf, und ich war sofort von ihrem Enthusiasmus und ihrem Wunsch, jungen Frauen von Gott zu erzählen, beeindruckt. Ich bot ihr eine Stelle an.

Aber Ava war nicht bereit, sich festzulegen. Sie hatte so viele Male in ihrem Leben Entscheidungen getroffen, ohne auf Gottes Wegweisung zu warten. Dieses Mal wollte sie sicher sein.

Ava betete. Sie las in der Bibel. Aber sie fand keine Antwort.

Ein paar Tage später, kurz vor fünf am Freitagnachmittag, kam sie in mein Büro. „Es tut mir sehr leid, Mary Frances", sagte sie. „Ich weiß, dass Sie eine Entscheidung von mir brauchen. Ich habe einfach noch nicht den Eindruck, eine Antwort von Gott erhalten zu haben, darum muss ich wohl absagen."

Ich verstand sie, war aber auch enttäuscht. Sie schien genauso zu empfinden. „Ava", antwortete ich, „falls Sie noch Ihre Meinung ändern, können Sie mich jederzeit anrufen."

Diesen Abend verbrachte Ava bei ihrer Mutter und beendete dort die Lektüre eines Romans mit dem Titel *Befreiende Liebe*. Es war die Geschichte einer Prostituierten im neunzehnten Jahrhundert, die immer wieder vor der bedingungslosen Liebe Gottes und eines gottesfürchtigen Mannes davonläuft. Die Geschichte endet schließlich mit einer Wende. Die Frau nimmt Jesus in ihr Leben auf und schenkt ihr Herz dem Mann, der ohne sie nicht leben kann. In den Jahren danach verbringt sie immer wieder Zeit mit jungen Prostituierten, die sie ermutigt, sich Gott zuzuwenden.

Als Ava das Buch zu Ende gelesen hatte, legte sie es zur Seite und schloss die Augen. *Gott, was willst du mir dadurch sagen?*, betete sie. *Willst du mich an der Nase herumführen? Heißt das, dass ich bei* Wellspring *anfangen soll?*

Ava hörte keine Antwort. Ruhelos zog sie sich einen Pullover über ihr T-Shirt und ging spazieren.

Die Nacht war kalt. Ava lief zu einem Waldstück am Ende der Straße. Bald befand sie sich auf einem schlammigen Pfad, den sie noch nicht kannte. Sie folgte ihm bis zu einer Baumgruppe. Sie konnte nicht erkennen, wo es weiterging; das einzige Licht kam von den Sternen über ihr.

Gott, gib mir ein Zeichen, damit ich deinen Willen erkenne, betete sie. *Ich will dir doch nur gehorsam sein.*

Sie ging noch ein gutes Stück weiter, hielt aber irgendwann an. Die Ungewissheit machte sie fast verrückt. Sie wollte das Richtige tun. Sie wollte sich Gottes Wegweisung anvertrauen. Warum sprach Gott nicht zu ihr?

Sie ließ sich im Dunkeln auf die Knie fallen. *Gott, bitte gib mir ein Zeichen,* betete sie noch einmal. *Was es auch immer ist, ich will dir gehorsam sein.* Die einzige Antwort, die sie hörte, war ein Windhauch, der durch die Bäume strich.

Schließlich stand Ava schweren Herzens auf und lief weiter.

Kaum eine Minute später hörte sie es – ein schwaches Rauschen von fließendem Wasser, irgendwo vor ihr.

Avas Herz schlug schneller. Schnell ging sie weiter durch die Dunkelheit, achtete aber darauf, auf dem Pfad zu bleiben. Jetzt machte er eine Biegung, und das Rauschen wurde lauter. Zwischen den Bäumen hindurch, im Licht der Sterne kaum zu erkennen, sah sie es plötzlich.

Es war eine Quelle. Ein Bach.

Ava lachte und rannte fast den Pfad entlang bis zu der Stelle, wo er in den Fluss mündete. Es war nur ein kleiner Bach. Sie hatte nie gehört, dass es in dieser Gegend einen solchen gab. Aber Gott hatte es die ganze Zeit gewusst.

Ava betrat vorsichtig einen Felsen am Rand des Baches, um auf einen größeren Felsen in der Mitte zu gelangen. Sie kniete sich hin und tauchte die Hände in das kalte Wasser. Sie zitterte, aber nicht wegen der Kälte des Wassers. „Danke, Gott!", schrie sie. „Danke, dass du mir gezeigt hast, dass *Wellspring* deine Wahl für mich ist. Ich will dir gehören. Ich will mich ganz dir zur Verfügung stellen. Ich werde dort mitarbeiten."

Weniger als fünfundvierzig Minuten später saß Ava atemlos in meinem Souterrain. „Mary Frances, ich weiß, es ist spät, und ich weiß, es ist auch verrückt, das zu sagen", begann sie. „Vor ein paar Stunden habe ich Ihnen eine Absage erteilt, und jetzt bin ich hier, um Ihnen zu sagen, dass ich die Stelle doch nehmen will."

Ich schickte im Stillen ein Dankgebet nach oben. „Ava, ich finde das überhaupt nicht verrückt."

Ava fing im Januar bei *Wellspring* an. Die ersten zwei Wochen waren für eine junge Frau, die in christlichen Kreisen aufgewachsen war, ein Schock. Da sie dafür verantwortlich war, den Mädchen bei der Eingewöhnung zu helfen, dachte sie, dass sie alles unter Kontrolle haben müsste. Sie wollte allen zeigen, dass sie es im Griff hatte. Aber die Realität der problematischen Hintergründe, aus denen die einzelnen Mädchen kamen, war für sie überwältigend.

Eines Abends erzählte eines der Mädchen namens Elaine davon, wie sie es zugelassen hatte, von einer ganzen Gruppe von Männern benutzt zu werden, um an Drogen zu kommen.

Sie empfand so viel Scham und Schuld, während sie davon berichtete, dass sie sich übergeben musste.

Ava versuchte, gelassen zu bleiben, während die Mentorin Elaine tröstete. Als sie sah, dass die Situation unter Kontrolle war, rannte sie nach unten in unser Gebetszimmer, schloss die Tür hinter sich und vergrub ihr Gesicht in den Kissen.

„Gott, ich weiß, dass du mich hierhergeführt hast, aber du hast einen Fehler gemacht!", sagte sie. „Ich bin so naiv. Ich kann diesen Mädchen nichts geben, keine Erfahrung, keine Weisheit. Was soll ich hier?"

Plötzlich kam ihr das Bild vom brennenden Dornbusch in den Sinn. Sie stand auf, nahm die Bibel aus dem Gebetszimmer zur Hand und schlug den Bericht von Mose und dem brennenden Busch im zweiten Buch Mose auf. Sie las von Gottes Befehl an Mose, sein Volk zu befreien, und von den Vorwänden, die Mose Gott entgegenbrachte, um ihm zu sagen, dass er einen anderen erwählen sollte.

Ava setzte sich gerader hin, als sie noch einmal die Antwort las, die Gott Mose gab: „Ich werde dir beistehen" (2. Mose 3,12).

Ihr wurde bewusst, was Gott Mose gesagt hatte – und dass es auch ihr galt. *Herr, ich verstehe,* betete sie. *Du sagst, es spielt keine Rolle, wenn ich versage, wenn ich nicht gut sprechen kann und wenn mein Hintergrund nicht zu dem der Mädchen passt. Du hast entschieden, dass ich bei dem, was du tust, um den Gefangenen Freiheit zu bringen, mithelfen soll. Es geht hier um dich, und du möchtest, dass ich Anteil daran habe.*

Ava spürte, wie der Druck, der auf ihr gelastet hatte, von ihr genommen wurde. Es stimmte, sie hatte keine Erfahrung darin, den jungen Frauen von *Wellspring* zu helfen. Aber sie glaubte jetzt, dass Gott sie mit allem, was sie brauchte, ausrüsten würde, wenn er sie zu diesem Dienst berufen hatte.

Als die Mädchen mehr und mehr Zeit damit verbrachten, Gott und sein Wort besser kennenzulernen, stand Ava ihnen darin zur Seite. Sie lernte, sich nicht nur Tag für Tag auf Gott zu verlassen, sondern von Augenblick zu Augenblick. Von innen heraus wurde so ihre Blickrichtung geändert.

Zum ersten Mal in ihrem Leben entwickelte Ava Freundschaften, die nicht auf dem beruhten, was die andere Person zurückgeben konnte. Manchmal war sie streng mit den *Wellspring*-Mädchen, aber diese Strenge entsprang einer authentischen Liebe, die sie für jedes einzelne der Mädchen empfand.

Während einer Andacht, die immer sonntagabends stattfand, versuchte Ava, zwei der Mädchen diese Liebe zu erklären. Elyse und Bonnie hatten Mühe damit, gute Entscheidungen für sich zu treffen. Elyse hatte mehrere schwierige Beziehungen hinter sich. Bonnie schien sich von Drogen nicht fernhalten zu können. Ava hatte viele Male mit ihnen darüber gesprochen, was es heißt, bessere Entscheidungen für das eigene Leben zu treffen.

Im Wohnzimmer las Ava den beiden aus dem Buch Nehemia über den Wiederaufbau der Mauer von Jerusalem vor. Sie erklärte, wie Männer, die mit Speeren, Schilden und Pfeil und Bogen bewaffnet waren, bereitstanden, um die Arbeiter und die Stadt vor Feinden zu schützen, während andere sich zur Verfügung stellten, um die Mauer wieder aufzubauen.

„Ihr beide seid wie das Volk Israel", erklärte Ava. „Ihr arbeitet beide hart daran, euer Leben Stein für Stein wieder aufzubauen, während dämonische Kräfte versuchen, euch anzugreifen. Durch unsere Gebete, durch Worte der Bibel, die wir euch zusprechen, und dadurch, dass wir hier mit euch leben, kämpfen wir für euch. Wir lieben euch. Wir geben euch einen Teil unseres Lebens, damit ihr eures wieder aufbauen könnt."

Elyse fing an zu weinen. „Du glaubst so fest an mich, dass ich das Programm bei *Wellspring* schaffe", sagte sie unter Tränen. „Danke."

An diesem Abend wurde Ava etwas Wesentliches deutlich. Obwohl sie nicht die gleichen Erfahrungen gemacht hatte wie die meisten der anderen Mädchen, konnte sie trotzdem deren Schmerz und Einsamkeit verstehen. Sie war genau wie die anderen fern von Gott gewesen. Sie alle brauchten die gleiche Barmherzigkeit, die gleiche Vergebung, die gleiche Liebe.

Während Ava mit den Mädchen zusammenlebte und sich mit ihren Problemen auseinandersetzte, verließ sie sich weiterhin auf Gott, um Lösungen zu finden. Ihr Vater im Himmel wurde ihr beständiger, treuer Freund. Als sie im Buch Hosea las, was Gott zu Gomer sprach, hatte sie den Eindruck, als stünden die Worte für sie allein dort: „Ich will sie in die Wüste bringen und in aller Liebe mit ihr reden" (Hosea 2,16; Hoffnung für alle). Die Sanftheit, mit der Gott zu ihr sprach, ließ ihre Liebe zu ihm wachsen.

Es gab immer noch Zeiten, in denen Ava sich auch die sanfte Berührung eines Mannes wünschte. Hin und wieder ging sie zu Veranstaltungen für Singles, die von Gemeinden organisiert wurden, aber dann fühlte sie sich unwohl und fehl am Platz. Durch ihre neue und innige Beziehung mit Gott empfand sie jedoch mehr Erfüllung als je zuvor. Obwohl sie immer noch gerne Ehefrau und Mutter werden wollte, sah sie zum ersten Mal, dass Gott vielleicht einen anderen Plan für ihr Leben haben könnte, und akzeptierte es.

Gott, am meisten Sehnsucht habe ich nach dir, betete sie. *Mein Herz ist zufrieden, weil ich dich kennen darf. Auch wenn ich immer noch hoffe, eines Tages mit einem Ehemann gesegnet zu werden, will ich vor allem an dir festhalten. Bitte fülle mich mit der Erkenntnis deines vollkommenen Willens. Ich liebe dich und vertraue dir meine Zukunft an.*

An einem kühlen, bewölkten Abend im Jahr 2005 nahm Ava an einer Weihnachtsfeier der Singlegruppe ihrer Gemeinde teil. Im Restaurant saß sie an einem langen Tisch Perry gegenüber. Er war neu in der Gruppe. Perry war groß, hatte dunkles Haar und lächelte gern. Es stellte sich heraus, dass er das gleiche Hobby wie Ava hatte: Aktionen in der freien Natur, wie Klettern und Höhlenerforschung.

Es dauerte nicht lange, da fingen Perry und Ava an, Zeit miteinander zu verbringen. Doch waren beide vorsichtig und hielten die Beziehung auf einer Ebene, wo sie nicht mehr als Freunde waren. Genau wie Ava hatte Perry Beziehungen erlebt, die schmerzhaft geendet hatten. Beide hatten den Wunsch, Gott über alles andere zu stellen.

Als die Freundschaft sich jedoch weiterentwickelte, begann Ava Gott zu fragen, ob Perry der Mann war, den er für sie ausgesucht hatte. Sie spürte seine Zustimmung, eine ernsthafte Beziehung anzufangen.

Ein paar Wochen später saßen Ava und Perry im Haus von Avas Mutter auf einem Sofa und redeten bis in die Nacht hinein. Sie hatten bis dahin noch nicht über ihre tiefsten Gefühle zueinander gesprochen. Sie hatten versprochen, nichts zu sagen, bis sie sich ganz sicher waren. Sie wollten erst dann dem anderen etwas sagen, wenn hinter ihren Worten echte Verbindlichkeit stand.

Als es im Gespräch eine Pause gab, nahm Perrys Gesicht auf einmal einen merkwürdigen Ausdruck an. Er schluckte hart, dann platzte er heraus: „Ich liebe dich!"

Bevor Ava antworten konnte, sprang Perry auf und ging in die Küche. Sie hörte, wie er sich ein Glas Wasser nahm. Sie wusste, dass er im Moment nicht weiterreden konnte. Schließlich kam er zurück und setzte sich.

Perry holte tief Luft. „Okay", sagte er. „Ich muss unbedingt wissen, was du darüber denkst."

Ava lächelte und nahm Perrys Hand. „Ich wusste es schon", sagte sie zu ihm. „Ich wusste, dass du mich liebst, weil du mir die Tür öffnest und dich ärgerst, wenn ich sie selbst öffne. Ich wusste es, weil du mir meine Jacke bringst, wenn du merkst, dass ich friere. Ich wusste es, weil du dich so sehr darum bemüht hast, meine Familie kennenzulernen, weil du weißt, wie wichtig sie mir ist. Ich wusste es, weil du unserer körperlichen Beziehung Grenzen gesetzt und dich an sie gehalten hast, weil dir unsere Integrität und unsere Beziehung zu Gott wichtig sind. Du hast mir deine Liebe schon seit Langem gezeigt."

An einem warmen Abend im Juli brachte Perry Ava zu einem in der untergehenden Sonne schimmernden See und führte sie zu einem Steg, der mit brennenden weißen Kerzen gesäumt war. Dort wartete ein ganz besonderes Abendessen auf sie. Es gab sein Lieblingsessen, mit Fleisch gefüllte Ravioli, und ihr Lieblingseis, Vanilleeis mit Schokokeksen.

Perry musste sich allerdings vor dem Essen noch um etwas anderes kümmern. Die Sonne ging gerade hinter den Bäumen auf der gegenüberliegenden Seite des Sees unter, als er Ava zu der Anlegestelle führte und sie dort für einen kurzen Tanz in den Arm nahm. Ihre einzige Hintergrundmusik war das

Geräusch von Wasser, das leise an die Pfähle klatschte. Dann wirbelte Perry Ava herum und ließ sich auf ein Knie nieder.

Ihr Herz machte einen Satz. Sie wusste, was jetzt kam.

„Ava", sagte er und sah dabei zu ihr auf, „willst du meine Frau werden?"

Natürlich war die Antwort Ja. Sie hatte es schon lange gewusst. Perry war der Mann, den ihr himmlischer Vater für sie ausgewählt hatte, um ihn ein Leben lang zu lieben und zu ehren. Gemeinsam würden sie den Urheber und Anker ihres Lebens anbeten und preisen.

Oh Gott, ich danke dir!, betete sie. Er hatte sie mit allem gesegnet, was sie sich jemals erträumt hatte. Sie hatte ein ganzes Leben und mehr vor sich, um über seine befreiende Liebe zu staunen.

Jenny

Bist du bereit?

Jenny konnte nicht still sitzen. Sie hüpfte zwischen dem Sofa und einem in der Nähe stehenden Stuhl ständig hin und her. Alle paar Sekunden rannte sie zum Fenster, um hinauszuspähen.

„Er wird gleich da sein, Jenny", rief ihre Mutter von der Küche aus. „Hab doch Geduld."

„Ich weiß, Mama", antwortete Jenny. Aber es war so schwer, geduldig zu sein. Sie war so aufgeregt!

Jennys Eltern hatten sich schon vor mehreren Jahren scheiden lassen. Darum sah die lebhafte Zehnjährige ihren Vater nur an den Wochenenden. Fred Wyatt holte seine Tochter jeden Freitag von der Schule ab. Dann gingen sie ins Kino, auf eine Einkaufstour oder sie machten es sich einfach in Freds Wohnung gemütlich und sahen zusammen Zeichentrickfilme an.

Jenny genoss diese Zeiten in vollen Zügen. Sie liebte ihren Vater und fand es wundervoll, „Papas kleines Mädchen" zu sein. Jeden Abend, bevor sie ins Bett ging, telefonierte sie mit ihm, aber an den Wochenenden bei ihm zu sein, war das Beste.

Zum hundertsten Mal schien Jenny an diesem Nachmittag zum Fenster zu springen. Dieses Mal sah sie einen weißen Ford Mustang, der in die Einfahrt einbog.

„Er ist da!", schrie sie. „Tschüss, Mama!"

Jenny schnappte ihren Rucksack und ihr Kissen, die neben der Tür bereitstanden, und rannte nach draußen. „Hi, Papa!", rief sie.

Fred trug ein T-Shirt und Jeans. Sein gewelltes braunes Haar war ungekämmt. Sein Gesichtsausdruck war düster, als er aus dem Auto stieg, hellte sich aber auf, als er Jenny sah. Er lächelte und nahm sie in den Arm.

„Ich habe etwas für dich", flüsterte er. Er holte ein kleines Päckchen aus seiner hinteren Hosentasche heraus.

„Sammelkarten von König der Löwen!", sagte Jenny. Sie drückte ihren Vater noch einmal. „Kann ich sie jetzt schon aufmachen?"

„Na, klar doch", antwortete Fred.

Als sie losfuhren, öffnete Jenny das Tütchen und beschrieb ihrem Vater jede Karte in allen Einzelheiten. Fred nickte immer wieder, während sie sprach, aber Jenny spürte, dass er mit seinen Gedanken ganz woanders war. Er war in der letzten Zeit immer so traurig gewesen. Sie wollte ihm helfen, wusste aber nicht, was sie sagen sollte.

Was soll's, dachte sie. *Hauptsache, wir sind zusammen.*

* * *

Eines Abends, etwa drei Jahre später, sollte sich Jennys Welt für immer verändern. Sie passte im Haus von Nachbarn auf deren Kinder auf. Nachdem sie die Kleinen zu Bett gebracht hatte, rief sie wie jeden Abend bei ihrem Vater an. Sie war überrascht, die Stimme eines anderen Mannes zu hören.

„Oh, hallo", sagte sie. „Ich würde gerne mit Fred sprechen."

Da war Stille am anderen Ende der Leitung. „Er ... es tut mir leid, er kann gerade nicht ans Telefon kommen."

Jenny bekam eine Gänsehaut. Etwas in der Stimme des Mannes klang nicht gut. „Ich bin seine Tochter", erklärte sie. „Sagen Sie ihm, dass ich ihn sprechen muss."

Jenny hörte noch andere Stimmen im Hintergrund. „Es tut mir leid", sagte der Mann wieder. „Es geht gerade nicht. Mehr kann ich nicht sagen. Ich muss jetzt Schluss machen."

„Warten Sie!", rief Jenny. „Was meinen Sie mit ...?"

Er hatte aufgelegt.

Jenny rief ihre Mutter Eva an. Sie versprach, herauszufinden, was los war. Als die Nachbarn wieder da waren, beeilte Jenny sich, nach Hause zu laufen. Kevin, ihr Stiefvater, bat Jenny und ihre Mutter ins Wohnzimmer zu kommen und sich zu setzen.

Kevin wartete, bis beide Platz genommen hatten. Ohne jede Vorwarnung brachte er nur den einfachen Satz heraus, den Jenny nie vergessen würde: „Fred ist tot."

„Was?", sagte Jenny mit kaum hörbarer Stimme.

Kevin sah auf den Boden. „Er hat sich heute umgebracht."

Nein!, dachte Jenny. *Nicht Papa! Nein, nein, nein!*

Sie rutschte aus dem Stuhl auf ihre Knie und starrte auf den beigefarbenen Teppichboden. Sie dachte, sie müsse jetzt weinen, aber es kamen keine Tränen. Der Schock war zu groß.

Es stimmt nicht, dachte sie. *Es kann nicht sein.*

Die folgenden Tage erlebte Jenny nur ganz verschwommen. Sie erfuhr von einer Notiz ihres Vaters, auf der er sie als seine „immerwährende Freude" beschrieb. Sie ging zur Beerdigung. Sie träumte, dass ihr Vater sie anrief und ihr sagte, dass er nur fortgegangen sei und bald wiederkommen werde. Gefühle von Schock, Trauer und Schuld überrollten sie förmlich. Sie hatte das Gefühl, ihren Vater im Stich gelassen zu haben und dass es ihr hätte möglich sein müssen, ihn zu retten.

Es war mehr, als ein dreizehnjähriges Mädchen ertragen konnte. Irgendwann in diesen dunklen Tagen verschloss Jenny all ihre Gefühle. Gefühle betrogen sie, brachten ihr nur qual-volle Seelenängste.

Sie beschloss, dass sie nichts mehr fühlen wollte. In den nächsten zwei Jahren wurde Jenny still und zurückgezogen. Sie lächelte kaum noch. Es war, als würde sie schlafwandeln. Als sie in die Highschool kam, entdeckte sie, dass sie durch Drogen, Alkoholtrinken und Sex ihrer Not zeitweise entkommen konn-te. Aber all das fügte ihr eher Leid zu, als dass es ihr gut ging. Jenny wurde unsicher und zog sich noch mehr zurück, denn sie meinte, dass sie nicht zu den anderen Studierenden passte. Als sie im zweiten Jahr war, verließ sie die Highschool und studier-te von zu Hause aus weiter.

In dieser Zeit fand Jenny einen kleinen Hoffnungsschim-mer. Als Kind war sie gelegentlich in die Kirche gegangen und hatte an Gott geglaubt, aber nach dem Tod ihres Vaters hatte sie angefangen, Gott zu hassen. Sie wollte nichts mit einem Gott zu tun haben, der etwas so Furchtbares in ihrem Leben zuließ. Als sie in der Highschool von einer Freundin eingeladen wurde, an einer Gemeindefreizeit an der Küste teilzunehmen, war sie je-doch unschlüssig.

Es ist wahrscheinlich besser, als das ganze Wochenende zu Hause zu sitzen, dachte Jenny. *Warum nicht?*

An dem Wochenende traten christliche Musiker auf, die am Strand unter Zelten spielten. An einer Stelle während einer Abendveranstaltung achtete Jenny plötzlich ganz genau auf das, was gesagt wurde. Jemand beschrieb Gott als den, der den Hun-ger jeder Seele stillt und dem jedes seiner Kinder zutiefst wich-tig ist.

Etwas an diesen Worten verursachte einen Riss in der Stein-mauer, die Jenny um ihr Herz gebaut hatte. Sie setzte sich hin und fing an zu weinen. Sie wusste, dass es stimmte – sie *brauch-te* Gott, auch wenn sie zuvor so wütend auf ihn gewesen war. Sie schaffte es nicht mehr allein. An diesem Abend nahm sie Jesus als ihren Retter und Erlöser in ihr Leben auf. Sofort spürte sie eine Veränderung.

In dem darauffolgenden Jahr nahm Jenny keine Drogen mehr und versuchte, sich mehr auf ihre Beziehung zu Gott zu konzentrieren. Aber ihre Unsicherheit war immer noch sehr groß. Sie freundete sich mit einem Jungen an, der in keinen guten Kreisen verkehrte. Erneut griff sie zu Drogen. Sie ließ das Studium sausen und zog von zu Hause aus. Sie nahm einen Job als Bedienung in einer Cocktailbar an und wurde süchtig nach Methamphetamin.

Die Beziehung zu Gott hatte sie auf Eis gelegt.

Eines Abends nach der Arbeit besuchte Jenny ihren Freund zu Hause. Sie ging ins Bad, um etwas von der Droge zu sich zu nehmen, hielt aber inne, als sie in den Spiegel sah. Fast erkannte sie die Person nicht, die ihr entgegenstarrte. Ihr Körper war abgemagert; sie war blass, hatte blaue Lippen und strähniges Haar. Sie sah verbraucht aus.

Jenny konnte nicht glauben, dass sie das war. Fassungslos setzte sie sich auf den Toilettendeckel.

Wie konnte alles so schiefgehen?, dachte sie. *Wenn ich nicht damit aufhöre, werde ich sterben. Gott, ich brauche Hilfe. Wenn du mir hilfst, durch diese Nacht zu kommen, verspreche ich dir, dass ich aufhören werde, Drogen zu nehmen.*

Als Jenny kurz darauf in den Spiegel sah, war sie erstaunt. Ihr Wangen hatten Farbe bekommen und ihre Augen glänzten. Sie fühlte sich lebendiger.

Danke, Gott!, betete sie.

Das Methamphetamin befand sich jedoch noch immer in ihrer Tasche. Für Jenny waren Drogen die einzige Antwort auf jegliches Gefühl – sogar auf Freude. Sie hatte Angst vor Gefühlen.

Innerhalb weniger Minuten war Jenny wieder mit Drogen vollgepumpt; ihr Versprechen war vergessen. Gott war nicht mehr wichtig.

* * *

Ein paar Monate später fuhr Jenny drei Freunde nach North Carolina. Während der Fahrt goss es stundenlang in Strömen und sie hatten alle Methamphetamin geschnüffelt. Jenny fühlte sich paranoid. Sie stellte sich vor, dass ihre Freunde sie angreifen könnten. Sie machte sogar das Radio aus, weil sie fürchtete, dass irgendwelche Leute über den Äther ihre Gespräche belauschen könnten.

Dann kam ihr ein noch bedrohlicherer Gedanke in den Sinn. Sie war sich plötzlich sicher, dass sie einen Unfall haben würden.

Sie fuhren durch ein Städtchen in South Carolina, als ihre Scheinwerfer auf eine kleine Kirche am Straßenrand fielen. Jenny bog ab und fuhr auf den Parkplatz, der voller Pfützen war.

„Wenn wir weiterfahren, werden wir in ein Unglück geraten", sagte sie. „Ich fahre keinen Kilometer weiter."

„Jenny, wovon redest du da?", fragte ihr Freund Sidney. „Es ist doch alles in Ordnung." Die anderen waren derselben Meinung. Schließlich entschied Sidney, dass er weiterfahren würde. Jenny wollte nicht zurückbleiben, also stimmte sie zögernd zu.

Das Auto fuhr schneller und schneller, als sie aus der Stadt heraus und zurück auf den Highway fuhren. Jenny konnte vor ihnen eine scharfe Kurve erkennen, aber Sidney verlangsamte die Fahrt nicht. Plötzlich hörte sie den Schrei einer Frau – es war sie selbst.

„Sidney, fahr langsamer!", schrie sie. Es war zu spät. Das Auto flog aus der Kurve, fuhr zwischen ein paar Bäumen hindurch und bewegte sich noch auf eine Böschung an einem kleinen Fluss zu. Dort schlugen sie auf.

Sie verloren das Bewusstsein.

* * *

Jenny und die anderen überlebten den Unfall, aber Jenny hatte schwere Verletzungen am Rücken und am Handgelenk erlitten. Man musste sie mehrmals operieren; drei Monate lang lag sie in einem Ganzkörpergips.

Das Trauma des Unfalls und die Genesungszeit brachten Jenny in eine neue Abwärtsspirale aus Depression und schlechten Entscheidungen. Nachdem sie aus dem Krankenhaus entlassen wurde, zog sie für eine Weile zu ihrer Mutter. Sie empfand es als demütigend, dass Eva sie baden musste. Die Abfindung der Autoversicherung setzte sie in Drogen um. Sie schlief mit Sidneys bestem Freund, was letztendlich dazu führte, dass beide nichts mehr mit ihr zu tun haben wollten.

Als Eva Jenny aus dem Haus warf, weil sie nicht wollte, dass ihre jüngeren Halbgeschwister mit Drogen in Berührung kamen, zog Jenny zu einer Freundin. Aber die Abwärtsspirale ging weiter. Sie experimentierte mit neuen, sogar gefährlicheren Drogen. Dreimal musste sie wegen einer versehentlich genommenen Überdosis ins Krankenhaus gebracht werden.

Eines Abends kauerte sie allein in ihrem Schlafzimmer unter der Decke. Sie dachte, dass jemand sie umbringen wollte. Sie nahm eine Handvoll Tabletten, und als der Verfolgungswahn zunahm, schluckte sie noch einmal welche.

„Ich werde verrückt", sagte sie zu sich selbst. „Ich habe verloren. Ich weiß nicht, was ich tun soll."

Jenny spähte durch die Schlafzimmertür, sah aber niemanden. Sie sah noch hinter den Wohnzimmermöbeln nach, um sicher zu sein, dass sie allein war, dann ging sie in die Küche. Auf dem Esstisch lag eine Broschüre.

Jenny nahm sie in die Hand. Die Broschüre hatte den Titel „Leben nach dem Tod". Sie hatte sie vorher nie gesehen und hatte keine Ahnung, wie sie dahin gekommen war. Sie fing an zu lesen. Fast augenblicklich trafen die Worte sie ins Herz. Es war, als ob Gott die Broschüre durch die Decke hätte fallen lassen und zu Jenny sagte: „Du hast mich lange genug auf Abstand gehalten. Ich werde mich jetzt um dich kümmern."

Jenny ging in ihr Schlafzimmer und fiel auf die Knie. *Okay, Gott, ich brauche Hilfe,* betete sie. *Du bist der Einzige, der mir jetzt noch helfen kann. Ich brauche ein Wunder.*

Sie steckte sich den Finger in den Hals und zwang sich, die Pillen wieder zu erbrechen. Die Tage danach waren ein ständiger Kampf zwischen dem Wunsch, weiter Drogen zu nehmen und damit aufzuhören. Sie schnüffelte etwas Methamphetamin und spülte dann angeekelt den Rest die Toilette hinunter. Nach einer Weile kam das Verlangen wieder, und sie ging los, um neue Drogen zu kaufen.

An einem besonders entmutigenden Tag überkam Jenny erneut das Verlangen nach Drogen. In Panik rannte sie die Treppen hinauf zur Wohnung eines Freundes, bei dem sie schon Partys gefeiert hatten. Als er die Tür öffnete, sagte sie: „Phil, ich brauche dringend ein paar Tabletten. Hast du welche?"

„Bei mir bist du richtig", antwortete Phil. Er ließ sie herein und führte sie in sein Schlafzimmer. Dort öffnete er die Tür zu einem großen hölzernen Schrank. Darin standen mehrere Hundert Flaschen mit fast allen nur vorstellbaren Arten von Tabletten; alle waren genauestens nach Wirkungsweise in den Regalen sortiert. Manche halfen bei Herzproblemen. Andere waren Nervenmittel, Kopfschmerz- oder Schlaftabletten.

Der Anblick machte Jenny Angst. Sie konnte fast hören, wie Gott zu ihr sprach: *Jenny, so hast du die ganze Zeit gelebt. Jedes Mal, wenn ein Gefühl in dir hochkommt, versuchst du, es zu betäuben.*

Oh Gott, du hast ja so recht, betete Jenny. *Ich mag Gefühle nicht.* Sie sagte Phil, dass sie es sich anders überlegt habe, und rannte wieder die Treppen hinunter.

Jenny war einundzwanzig Jahre alt, und es war klar, dass sie sich entscheiden musste, wie sie weiterleben wollte. Im Lauf der folgenden Woche sagten drei Leute zu Jenny, dass sie damit rechnen müsse, noch vor ihrem zweiundzwanzigsten Geburtstag zu sterben, wenn sich nicht damit aufhörte, Drogen zu nehmen. Sie wusste, dass Gott sie warnte. Sie musste etwas tun – und zwar sofort.

Eva hatte sich nach verschiedenen Angeboten erkundigt, die ihrer Tochter helfen könnten; eines davon war *Wellspring*. Jenny war einverstanden, es mit *Wellspring* zu versuchen.

Alle Mädchen, die bei *Wellspring* anfangen, müssen sich einem Bluttest unterziehen, um zu zeigen, dass sie zum Zeitpunkt ihres Eintritts „clean" sind. Jenny fiel bei ihrem Test mehrere Male durch.

„Jenny, es tut mir leid", sagte eine unserer Programmleiterinnen zu ihr. „Du musst wieder nach Hause gehen. Wenn du wirklich an unserem Programm teilnehmen möchtest, dann komm in drei Tagen wieder zum Test."

Beim nächsten Mal war der Test in Ordnung und Jenny wurde aufgenommen. Aber die Tatsache, dass sie den ersten Test nicht bestanden hatte, war ein Zeichen dafür, dass ihre Tage bei uns nicht ganz einfach werden würden.

Jenny hatte mit ihrer Haltung uns allen gegenüber schwer zu kämpfen, vor allem während der ersten Wochen. Zum Beispiel sagte sie einmal, sie könne nicht zum Unterricht kommen, weil sie ihr Haar färben wolle.

Viel gravierender war es jedoch, als wir eines Tages entdeckten, dass eins der anderen Mädchen, Mickey, Drogen ins Haus geschmuggelt und Jenny damit versorgt hatte. Das Problem lag nicht nur bei Mickey und Jenny. Wir haben uns dazu verpflichtet, jedem Mädchen in *Wellspring* eine sichere Umgebung zu bieten. Darin hatten wir sie enttäuscht.

Und dennoch, inmitten all dieser Schwierigkeiten bemühte Jenny sich beharrlich darum, eine tiefere Beziehung zu Gott zu bekommen. Direkt bevor Jenny bei uns einzog, hatte ihre Mutter ihr von ihrem Lieblingsvers aus der Bibel erzählt: „Das alles kann ich durch Christus, der mir Kraft und Stärke gibt" (Philipper 4,13; Hoffnung für alle). Dieser machte ihr so viel Mut, dass Jenny ihre Bibel immer wieder an dieser Stelle öffnete, während sie bei *Wellspring* war.

Einen Monat nachdem Jenny zu uns gekommen war, erlebte sie einen Durchbruch. Eines Abends lag sie entmutigt im Bett. Die Unterrichtsstunden und ihre Zeit mit Gott schienen nur ihre Schwachheit zutage zu fördern. Sie hatte den Eindruck, sie wäre selbstsüchtig, und sie fühlte sich schwach und unzulänglich.

Was tue ich hier, Gott?, betete sie. *Ich kann das alles nicht. Ich weiß nicht, wie ich mich ändern soll oder so werden kann, wie du mich haben willst.*

Als sie so vor sich hin grübelte, fühlte sie plötzlich einen inneren Frieden. Dann spürte sie, wie Gott zu ihr sprach, und der Eindruck war so stark, als spräche eine Stimme hörbar zu ihr: „Jenny, ich möchte, dass du eine Sache hier bei *Wellspring* lernst. Ich möchte, dass du anfängst zu lieben. Ich weiß, dass du mich liebst. Jetzt liebe auch andere und liebe dich selbst."

Es war die Bestätigung des neuen Gebots, so wie Jesus es formuliert hatte und genau das, was Jenny hören musste.

Jenny fing an, sich selbst die Fehler zu vergeben, die sie in ihrem Leben gemacht hatte. Sie entdeckte, dass sie sich selbst und die Menschen um sich herum lieben *konnte*. Aber sie hatte immer noch Schwierigkeiten damit, anderen zu vertrauen, besonders Männern. Ihr Vater hatte ihr mit seinem Selbstmord das Herz gebrochen. Sie glaubte, dass andere Menschen – und auch Gott – sie bestimmt eines Tages verlassen würden.

An dem Tag, an dem Jenny bei *Wellspring* ihren Abschluss machte, war ich sehr stolz auf sie. Sie wirkte gar nicht mehr wie die Person, die mir ein Jahr zuvor das erste Mal begegnet war. Aber ich wusste auch, dass ihr in der vor ihr liegenden Zeit noch manche Kämpfe bevorstanden. Der Prozess, sich Gott wirklich anzuvertrauen, brauchte einfach viel Zeit. Wie bei jedem von uns war es eine Entscheidung, die sie Tag für Tag, Woche für Woche, Jahr für Jahr würde treffen müssen.

Darum war ich nicht sehr überrascht, als sie eines Abends aufgebracht und entmutigt vor meiner Tür stand. Sie hatte Probleme mit ihrem Auto. Ihr Rücken schmerzte. Ihr neuer Freund verstand nicht, was sie gerade durchmachte.

„Mary Frances, ich schaffe es nicht", sagte sie. „Ich weiß nicht, was ich machen soll."

Ich war mir nicht sicher, was ich ihr raten sollte. Ich hatte keine Lösungen parat. Aber ich kannte jemanden, der ihr helfen konnte.

„Wie wäre es, wenn du ins Souterrain gehst", schlug ich vor. „Lies doch einfach mal eine halbe Stunde in der Bibel. Ich komme dann runter und wir reden."

Das tat Jenny dann auch. Als ich sie einige Minuten später sah, war die Anspannung aus ihrem Gesicht gewichen.

„Du hattest recht", sagte sie. „Ich musste einfach beten und in Gottes Wort lesen. Ich habe schon wieder viel mehr Frieden in mir."

Später dachte ich daran, wie oft dies die perfekte Antwort gewesen war, wenn Jenny oder eins der anderen Mädchen bei uns innerlich mit sich kämpfte. Meine eigenen Versuche, zu trösten und Wegweisung zu geben, konnten sich nie mit der ewigen Weisheit von Gottes Wort messen. David hat diese Tatsache sehr gut in Worte gefasst: „Das Gesetz des Herrn ist vollkommen, es gibt Kraft und Leben. Die Mahnungen des Herrn sind gut, sie verhelfen Unwissenden zur Einsicht. Die Weisungen des Herrn sind zuverlässig, sie erfreuen das Herz. Die Anordnungen des Herrn sind deutlich, sie geben einen klaren Blick. Die Ehrfurcht vor dem Herrn ist untadelig und hat für immer Bestand. Die Gebote des Herrn sind richtig und ohne Ausnahme gerecht" (Psalm 19,8–10).

Jenny lernte, sich auf Gottes Gesetz zu verlassen, und ich konnte sehen, wie das in ihrem Leben eine Veränderung bewirkte. Aber Gott wollte noch mehr von ihr. Er wollte ihr Herz gewinnen.

Jenny wusste, dass Gott sie liebte. Aber wie wichtig sie für Gott war, verstand sie zum ersten Mal, als sie eines Tages von ihrer Arbeit bei einer Missionsorganisation in Atlanta nach Hause fuhr. Schwere dunkle Wolken hatten einen beständigen Nieselregen in einen Wolkenbruch verwandelt. Der Regen, der laut auf das Autodach hämmerte, brachte erschreckende Erinnerungen an den Autounfall in South Carolina zurück.

Plötzlich überfiel Jenny eine undefinierbare Furcht. Sie glaubte, dass gleich wieder ein Unfall passieren würde. Sie packte das Steuerrad so fest, dass ihre Hände schmerzten. Sie wollte am Straßenrand anhalten, konnte aber bei dem fließenden Verkehr auf der Schnellstraße nicht einfach ausscheren.

Gott, bitte lass es aufhören zu regnen!, betete Jenny. Es war eine verzweifelte Bitte.

Jenny erschrak furchtbar, als der Regen augenblicklich aufhörte. Kräftige Sonnenstrahlen schoben die Wolken beiseite.

Jenny atmete vor Erleichterung und Staunen tief durch. Gott hatte gerade etwas Übernatürliches getan, nur für sie. Wahrscheinlich zum ersten Mal seit dem Tod ihres Vaters fühlte sie sich als geliebte Tochter ihres himmlischen Vaters. Nach all diesen Jahren war sie wieder „Papas kleines Mädchen".

Es war ein wundervolles Gefühl.

Ein paar Wochen später traf sich Jenny mit mir in ihrer Mittagspause, um mit mir darüber zu sprechen, ob sie eine Stelle bei *Wellspring* annehmen könnte. Sie hatte den Eindruck, dass Gott sie vor eine neue Herausforderung stellte. Aber es zeigte sich, dass er dabei mehr im Sinn hatte als nur eine neue Arbeitsstelle.

Auf ihrem Weg zurück zur Arbeit sah Jenny durch die Windschutzscheibe eine Ansammlung rundlicher weißer

Wolken über sich. Als sie genauer hinsah, erkannte sie, dass die Wolken nicht zufällig verteilt waren – sie konnte eine Form erkennen. Sie bildeten ein großes, schönes rundliches Herz, das von einer Hand gehalten wurde.

Jenny hielt den Atem an. *Sehe ich das wirklich?* Sie achtete wieder auf die Straße, sah dann aber noch einmal nach oben. Das Bild war immer noch da.

In diesem Moment spürte Jenny Gottes Gegenwart bei sich im Auto. Er stellte ihr nur eine einzige Frage: „Bist du bereit, mir dein Herz zu geben?"

Jenny fing an zu weinen. Plötzlich erkannte sie, dass, sosehr sie Gott auch liebte und sich von ihm geliebt wusste, sie doch ihr Innerstes zurückgehalten hatte. Sie hatte ihm nicht völlig vertraut.

Jetzt wollte er ihr ganzes Herz.

„Ja, Gott", flüsterte sie. „Ich bin bereit."

Auf Jennys neuem Lebensweg, der sie immer näher zu Gott brachte, geschahen noch andere Dinge. Sie machte zum Beispiel für einen Monat eine Missionsreise nach Marokko, wo sie bei einer muslimischen Familie lebte und Kinder aus ärmlichen Verhältnissen unterrichtete. Sie lebte auch ein Jahr bei uns bei *Wellspring*, leitete Seminare und ermutigte die Mädchen, die das Programm durchliefen. Sie schien sich besonders zu denjenigen hingezogen zu fühlen, die die größten Probleme hatten. Hailey zum Beispiel lehnte sich selbst so sehr ab, dass sie sich häufig ihre Arme und Beine ritzte. Jenny half Hailey, ihren eigenen Wert und ihre innere und äußere Schönheit zu erkennen.

Jennys Einfluss auf Nikki war noch tiefgreifender. Nikki hatte als Pflegekind in Jennys Familie gelebt, als sie beide sechzehn waren. Dann verließ Nikki ihre Pflegefamilie und wurde drogenabhängig. Als sie zurückkam, lebte Jenny schon bei *Wellspring*.

„Als ich sie dort besuchte", sagte Nikki, „sah ich sie auf einmal in einem völlig anderen Licht. Sie hatte sich so sehr verändert, dass ich sie kaum wiedererkannte. Ich wollte wissen, was mit ihr passiert war, weil es in meinem Leben steil bergab ging ... und das, was sie gefunden hatte, wollte ich auch haben."

Jenny betete sechs Monate lang täglich für Nikki und befürwortete auch deren Aufnahme in das Programm. Schließlich kam Nikki zu uns. Sie hat genauso wie Jenny ihren Abschluss gemacht und ist dankbar, dass „mein wunderbarer Gott mich verwandelt hat".

Manchmal fällt es Jenny noch schwer, Gott und Menschen zu vertrauen. Sie muss auch die Wut auf ihren Vater verarbeiten, der sie so plötzlich verlassen hat, denn sie konnte sich in all den Jahren dieser Wut nicht stellen. Aber sie ist schon weit vorangekommen. Vor Kurzem erzählte sie mir, dass ihr Freund, der ebenfalls Christ ist, ihr einen Heiratsantrag gemacht habe. Sie hatte Ja gesagt. Da erkannte ich, dass sie sich wirklich von Grund auf verändert hatte. Sie war bereit, ihr Herz und ihr Leben mit einem Mann zu teilen.

„Meine innere Heilung ist ein Prozess", sagt sie. „Ich bin heute noch nicht fertig damit und werde es auch in zehn Jahren nicht sein. Auf dieser Erde werde ich dieses Ziel nicht erreichen. Aber ich verlasse mich auf Gott und vertraue ihm mehr denn je. Ich bin so gespannt zu sehen, was die Zukunft mir bringt."

Das bin ich auch. Und ich glaube, Jennys Vater im Himmel denkt genauso.

Carrie

Endlich zu Hause

Der Mae Nam Khong – „der Vater aller Flüsse" – war für die kleine Boudhsalinh, die noch nicht einmal drei Jahre alt war, wundersamer als alles, was sie bisher gesehen oder gehört hatte.

Boudhsalinh stand, mit einem zerschlissenen Wollmantel und ihrer wärmsten Mütze bekleidet, an dem verlassenen Flussufer und beobachtete fasziniert, wie der Fluss im Mondlicht dahinplätscherte. In der Ferne konnte sie das Rauschen herabfallenden Wassers hören.

Für den Rest ihrer Familie war der Fluss allerdings alles andere als ein Wunder. Er stellte das letzte Hindernis auf ihrer verzweifelten Flucht dar. Die Familie – Boudhsalinhs Vater, ihre Mutter sowie ihre beiden älteren Geschwister, ein Bruder und eine Schwester – war den ganzen Tag unterwegs gewesen, zuerst mit dem Bus, dann zu Fuß, um diesen Ort viele Meilen südöstlich ihres bescheidenen Heims in Vientiane in Laos zu erreichen. Von dem, was sie besaßen, hatten sie nur wenig mitgenommen. Alles andere war zurückgeblieben, um nicht den Verdacht der kommunistischen Regierungspolizei zu erregen, die auf den Straßen und in den ländlichen Gegenden patrouillierte.

Vor einigen Wochen hatte Boudhsalinhs Mutter, Buonyong, eine Arbeit als Sekretärin in der amerikanischen Botschaft gefunden. Die Bezahlung war besser als alles, was sie oder ihr Mann jemals zuvor verdient hatten. Aber was zuerst ein Segen zu sein schien, verwandelte sich schnell in einen Fluch. Wenn Buonyong auf dem Weg zur Botschaft oder von dort nach Hause war, wurde sie von merkwürdigen Männern belästigt. Als sie kürzlich einkaufen ging, geschah es wieder. Die Männer beschuldigten sie des Verrats, weil sie für die Vereinigten Staaten arbeitete.

Dann, vor zwei Tagen, sagte einer der Männer, dass er sie umbringen würde. Buonyong hielt das nicht für eine leere Drohung. Sie wusste von Menschen, die verdächtigt wurden, Verbindungen zu den Amerikanern zu haben, und die vor Kurzem verschwunden waren. Sie und ihre Familie waren nicht länger sicher in ihrem Heimatland. Sie mussten fliehen.

In jener Nacht am Flussufer stellten sich alle dicht um Boudhsalinh herum. Buonyong sprach ihren Kindern beruhigende Worte zu, aber ihre Augen huschten die ganze Zeit umher und beobachteten die Gegend. Yanyong, Boudhsalinhs Vater, stand in der Nähe und sprach mit einem dunkel gekleideten Mann. Yanyong gab dem Mann Geld, dann ging der Fremde fort.

„Das Boot ist dort drüben", flüsterte Yanyong seiner Familie zu und deutete auf eine Baumgruppe, die ein paar Meter entfernt stand. Yanyong nahm Boudhsalinh auf den Arm und führte die Familie zu der Baumgruppe.

Boudhsalinh fing laut an zu kichern.

„Nein, Boudhsalinh!", flüsterte Yanyong böse. Boudhsalinh wimmerte zuerst, verstummte dann aber. Sie verstand nicht, warum das Gesicht ihres Vaters so wütend und ängstlich aussah. Sie konnte nicht wissen, dass er vor Kurzem von einer anderen Familie gehört hatte, die aus Laos über den Fluss nach Thailand geflohen war. Diese Familie hatte es geschafft – bis auf ihren Jüngsten, einem kleinen, kaum sechs Monate alten Jungen. Sein Körper war auf dem Pfad, der zum Ufer führte, gefunden worden. Der Junge war erwürgt worden. Yanyong konnte sich vorstellen, welcher furchtbaren Entscheidung diese Familie, wahrscheinlich der Vater, sich gegenübergestellt sah. Überall entlang des Flusses gab es Wachmänner, die auf das leiseste Geräusch reagierten, die nur auf einen Anlass warteten, Flüchtlinge einzusperren, zu foltern oder zu töten. Der Vater dieser Familie musste entweder seinen geliebten Sohn zum Schweigen bringen oder er würde seine ganze Familie verlieren.

Diese Entscheidung wollte Yanyong nicht treffen müssen.

Zwischen den Bäumen sahen sie jetzt ein kleines, völlig abgenutztes Ruderboot mit nur einem Ruder und einem notdürftig reparierten Loch im Boden. Neben dem Loch stand ein Eimer. Yanyong fluchte, als er ihn sah.

„Wird uns das alle über Wasser halten?", fragte Buonyong im Flüsterton.

„Es muss", antwortete Yanyong.

Boudhsalinh und ihren älteren Geschwistern wurde ein Platz im Boot angewiesen; sie sollten die Köpfe so weit wie möglich unten halten. Ihre Schwester schrie auf, als ihr Bruder ihr aus Versehen auf die Hand trat, war aber sofort still, als sie den warnenden Blick ihres Vaters sah.

Sie stießen vom Ufer ab, Yanyong mit dem einen Ruder in der Hand und Buonyong mit Boudhsalinh im Arm. Als das Wasser durch das Loch ins Boot drang, befahl Yanyong seinem Sohn, es mit dem Eimer hinauszuschöpfen.

Ein beißender Wind wehte Boudhsalinh ins Gesicht. Sie sah, dass sie von reißendem Wasser umgeben waren. Der sich in der Ferne ankündigende Wasserfall rauschte lauter in ihren

Ohren. Der Fluss war für sie kein Wunder mehr. Angst kam in ihr hoch. Sie wollte wieder nach Hause. Sie fing an zu weinen.

Buonyong versuchte, ihre Tochter zu beruhigen, aber Boudhsalinh war zu aufgeregt. Plötzlich spürte Boudhsalinh, wie sie aus dem Arm ihrer Mutter gerissen wurde. Es war ihr Vater. Er presste seine Hand auf ihren Mund und behielt sie dort. Sie konnte nur noch durch die Nase atmen.

„Du musst still sein!", zischte ihr Vater.

Boudhsalinh hörte auf zu weinen, aber ihr Vater nahm seine Hand nicht weg, bis sie den Fluss überquert hatten und am anderen Ufer in Thailand standen.

Boudhsalinh wimmerte wieder. Sie war müde, ihr war kalt und sie fürchtete sich. Sie wollte wieder nach Hause. Aber vor ihr lag eine lange Zeit, in der sie sich nirgends zu Hause fühlen würde.

* * *

Boudhsalinh und ihre Familie lebten sieben Monate lang in einem Flüchtlingslager in Thailand. Dann organisierten Geldgeber, die mit der thailändischen Regierung zusammenarbeiteten, ihren Transport nach Amerika. Sie ließen sich in Riverside in Georgia, einer Vorstadt von Atlanta, nieder.

Für Boudhsalinh und ihre Familie war der amerikanische Süden wie ein anderer Planet. Keiner von ihnen sprach Englisch. Außer Bounyongs kurzer Erfahrung als Mitarbeiterin der amerikanischen Botschaft war keiner von ihnen je mit Amerikanern oder der amerikanischen Kultur in Berührung gekommen. Statt dem vertrauten Anblick von Reisfeldern und Buddhastatuen präsentierten sich ihnen nun Stadtrandbezirke und Einkaufszentren. Sie waren in einer anderen Welt gelandet.

Boudhsalinhs Eltern fingen an, sie „Carrie" zu nennen, in der Hoffnung, dass sie so besser in die amerikanische Gesellschaft passte. Die Anpassung erwies sich jedoch als schwierig. Carrie hatte Mühe damit, die Sprache zu erlernen. Sie hatte nur wenige Freunde in der Schule. Sie war gut darin, im Unterricht Lektionen auswendig zu lernen, verstand jedoch kaum, was sie dann aufsagte. Diese Probleme waren allerdings unbedeutend gegenüber dem Trauma, das Carrie erlitt, als sie acht Jahre alt war.

Eines Abends ließen Yanyong und Buonyong ihre drei Kinder mit vier von Yanyongs Freunden für mehrere Stunden in ihrer Wohnung. Carrie hatte Angst vor den Männern. Sie hatten getrunken und redeten und lachten immer lauter. Einer von ihnen sah immer wieder in ihre Richtung.

Bevor Carrie merkte, was geschah, kam der Mann, der sie beobachtet hatte, zu ihr herüber, nahm sie bei der Hand und zog sie ins Schlafzimmer. Er zog sich aus und zwang sie dazu, dasselbe zu tun. Er wollte, dass sie ihn küsste, und fing an, sie zu berühren.

Carrie wusste, dass es falsch war, was der Mann tat. Sie weinte und sagte ihm, er solle aufhören, aber er kümmerte sich nicht darum. Später erfuhr sie, dass es ihrer Schwester und ihrem Bruder genauso ergangen war.

Als Carrie ihren Eltern erzählte, was passiert war, glaubten sie ihr nicht. Sie war am Boden zerstört, nicht nur wegen dem, was geschehen war, sondern auch, weil ihre Eltern dachten, sie würde lügen. Sie fühlte sich verlassen, wertlos und allein. Sie kam sich in ihrer eigenen Familie als Fremde vor.

Carrie kam in den Jahren danach sowohl zu Hause als auch in der Schule irgendwie zurecht, aber die negativen Gefühle jenes Tages verließen sie nie. In der Highschool suchte sie verzweifelt nach einem Weg, dazuzugehören, und fing an, mit einer rebellischen Gruppe von Teenagern herumzuhängen. Sie sah keinen Sinn mehr darin, ein „braves Mädchen" zu sein. Warum sollte sie nicht ein bisschen Spaß haben? Alkohol, Drogen und Sex wurden bald ein selbstverständlicher Teil ihres Lebens.

Dann begegnete Carrie Manny. Er war zweiundzwanzig und hatte ein Drachentattoo auf dem Arm. Sie ließ sich von ihm überreden, sich auf einen verrückten Plan einzulassen: Sie wollten Banken durch einen Trick dazu bringen, ungültige Schecks einzulösen. Der Plan funktionierte nicht; beide wurden verhaftet. Manny verliebte sich hoffnungslos in Carrie. Sie fühlte sich geschmeichelt, dass jemand sich so sehr für sie interessierte. Als Manny vorschlug zu heiraten, sagte sie Ja. Da war sie gerade erst siebzehn.

Die Ehe war von Anfang an schwierig. Carrie musste erkennen, dass ihr Ehemann sie manipulierte und verbal missbrauchte. Trotzdem versuchte sie, die Ehe aufrechtzuerhalten.

Nach drei Jahren wurde Carrie schwanger. Ihre Tochter Mali wurde geboren, als sie einundzwanzig war. Eine zweite Tochter, Mya, kam nur elf Monate später zur Welt. Carrie liebte die Mädchen, aber die Verantwortung, die sie als Eltern zu tragen hatten, belastete die Ehe zusätzlich. Nicht lange nach Myas Geburt verließ Manny Carrie und nahm beide Mädchen mit.

Carrie wurde depressiv. Sie trank mehr und mehr Alkohol. Oft rauchte sie Marihuana. Sie wollte ihre Töchter zurückhaben, aber Manny erlaubte es nicht. Schließlich „entführte" Carrie Mali mithilfe einer Freundin. Manny war wütend, aber ein paar Monate später, als er merkte, dass er als Alleinerziehender hoffnungslos überfordert war, gab er nach und schickte auch Mya zu Carrie zurück.

Obwohl sie überglücklich war, ihre Töchter wieder bei sich zu haben, tauchten neue Probleme auf. Sie hatte keine Ausbildung und hatte sich schon, als sie alleine lebte, kaum über Wasser halten können. Jetzt musste sie noch zwei Kinder ernähren. Was sollte sie tun? Da machte eine Freundin ihr einen Vorschlag. Sie tanzte in einem Stripteaseklub in Atlanta und verdiente dort viel Geld. Bei einem Mittagessen in Carries Wohnung sagte sie ihr, dass sie mit ihrer natürlichen Schönheit und exotischen Aussehen mit Sicherheit sofort ein Star in den Klubs werden könnte – und damit all ihre finanziellen Sorgen los wäre.

„Wenn du dich einmal daran gewöhnt hast, ist es nicht so seltsam, wie es klingt", sagte die Freundin. „Versuch's einfach mal. Was hast du zu verlieren?"

„Auf keinen Fall", antwortete Carrie. „Ich ziehe mich nicht in der Öffentlichkeit aus. Das kann ich nicht."

Aber als an diesem Abend Mali und Mya beide vor Hunger weinten und der Kühlschrank fast leer war, überlegte Carrie es sich noch einmal. *Ich muss mehr Geld verdienen,* dachte sie. *Wie sollen wir sonst überleben?*

Ein paar Wochen später tanzte Carrie zum ersten Mal im „The Golden Canary". Sie musste vorher mehrere Gläser Bier trinken, um den Mut aufzubringen, die Bühne zu betreten. Sie fand es beängstigend, sich vorzustellen, dass jeder sie anstarren würde. Aber irgendwie schaffte sie es.

Ein paar Tage später tanzte sie wieder. Sie verdiente gut, ganz so wie ihre Freundin es versprochen hatte. Aber sie fühlte sich nie wohl auf der Bühne und gewöhnte sich auch nicht an die lauernden Augen der Männer im Publikum. Sie brauchte mehr und mehr Alkohol und dann immer härtere Drogen, um einen Auftritt zu überstehen.

Fünf Jahre lang tanzte Carrie in Stripteaseklubs. So konnte sie sich und die Kinder durchbringen, aber dafür zahlte sie einen hohen Preis. Sie litt unter Panikattacken und dachte oft an Selbstmord. Sie mischte ihre Antidepressiva mit Ecstasy, dem synthetischen Beruhigungsmittel GHB und anderen harten Drogen. Mehrmals musste sie wegen Überdosen notärztlich versorgt werden.

An dem Tag, als Carrie zum Arzt ging, um ein neues Rezept für Antidepressiva zu bekommen, war sie kurz davor aufzugeben. Sie sah keinen Sinn mehr in ihrem Leben. Engere Freunde hatte sie nicht. Ihre Familie war weit weg und hatte kein Verständnis für sie. Ihren Töchtern würde es wahrscheinlich ohne sie besser gehen. Als Carrie allein im Wartezimmer saß, kam eine Krankenschwester, die sie kannte, auf sie zu.

„Sie sind Carrie, oder?", fragte die Schwester.

Carrie nickte.

„Hier", sagte die Schwester und hielt ihr eine Broschüre hin. „Das sollten Sie sich mal ansehen. Ich habe Gutes darüber gehört."

Carrie las die Broschüre. Darin wurde ein Werk beschrieben, dass Stripteasetänzerinnen Hoffnung und einen Ausweg anbot.

Kann mir wirklich irgendjemand helfen?, fragte sich Carrie. *Lohnt es sich, es zu versuchen?*

Drei Tage lang kämpfte Carrie mit diesen Fragen. Schließlich beschloss sie, einen letzten Versuch zu wagen. Sie griff zum Telefon und rief die Nummer auf der Broschüre an. Als sie von ihren Schwierigkeiten erzählte und Fragen beantwortete, hatte sie zum ersten Mal das Gefühl, dass jemand versuchte, sie und ihre Probleme zu verstehen. Sie hörte von einem Menschen, der Gott selbst war: Jesus Christus. Außerdem erzählte man ihr von einer Organisation namens *Wellspring*.

Je mehr Carrie mit ihren neuen Freunden redete, desto mehr wurde ihr bewusst, dass sie mehr über diesen Jesus erfahren musste und dass sie an einen Ort gehen musste, wo das möglich wäre. Ihre Bewerbung bei *Wellspring* wurde bald danach angenommen. Eine christliche Familie bot sich an, die beiden Mädchen während der sechs Monate, in denen Carrie bei uns wohnen sollte, aufzunehmen. Als sich alles so ineinanderfügte, fragte sich Carrie, ob der Mann, den sie Jesus nannten, sich um alles gekümmert hatte.

Carrie stieg im November 2003 in das Programm ein. Am Mittwoch vor *Thanksgiving* verbrachte sie den Tag mit mir und half mir, unser Haus für Gäste vorzubereiten, die am nächsten Tag kommen sollten. Sie konnte gut zupacken und wir hatten an diesem Nachmittag sehr gute Gespräche. Sie hatte etwas Zerbrechliches und Ahnungsloses an sich. Es war alles neu für sie. Erst am Vortag hatte sie erfahren, dass wir an Weihnachten den Geburtstag von Jesus feiern.

„Das habe ich erst jetzt erfahren!", sagte sie begeistert zu mir. „Ich wusste das nicht. Aber wenn es bei Weihnachten um Gott und Jesus geht", meinte sie, wobei ihre Stimme auf einmal entrüstet klang, „was soll dann die Sache mit dem Weihnachtsmann? Warum gibt es einen Weihnachtsmann? Ich verstehe das nicht!"

Ich lachte. „Das ist eine gute Frage, Carrie", antwortete ich. „Ich glaube, das verstehe ich auch nicht."

Etwa zwei Wochen später traf sich Carrie im Wohnzimmer unseres *Wellspring*-Hauses mit Karen, einer unserer Mitarbeiterinnen, um mit ihr einen Film über Jesus anzusehen. Karen hatte beobachtet, dass es für Carrie nicht leicht war, den Inhalt der Seminare zu verstehen. Englische Texte zu lesen war für sie immer noch sehr schwierig, und durch ihren buddhistischen Hintergrund waren selbst die einfachsten Aussagen über den christlichen Glauben nur schwer nachvollziehbar. Carrie wollte zwar alles verstehen, aber es gelang ihr oft nicht. Karen hatte den Eindruck, dass Carrie die Geschichte von Jesus „sehen" müsste, um die gute Nachricht des Evangeliums verstehen zu können.

Als Karen den Film startete, unterdrückte sie ein Gähnen. Sie hatte ihn schon viele Male gesehen und kannte jedes Detail und jede Szene.

Als Karen dann jedoch sah, wie Carrie im Schneidersitz auf dem Boden saß, konzentriert jedes Wort aufnahm und der Film sie immer mehr fesselte, wurde ihr bewusst, dass diese junge Frau zum ersten Mal die ganze Kraft des Evangeliums erlebte. Sie sah den Film durch Carries Augen und nahm die Geschichte des Lebens Jesu in sich auf, als ob sie sie auch zum ersten Mal sehen würde. Ganz unerwartet erlebte Karen, dass auch ihr Herz verändert wurde, als sie im Film miterlebte, wie Gott auf die Erde kam.

Der Film ging weiter. Als Carrie sah, wie römische Soldaten Jesus folterten, verwies ihr verzogenes Gesicht auf ihre innere Qual. An diesem Punkt stoppte Karen den Film.

„Warum geschieht das mit Jesus?", fragte Carrie.

„Jesus hat das freiwillig zugelassen, und er hat es für dich und für mich getan", erklärte Karen und fühlte dabei selbst die innere Qual. „Er zahlte den Preis für alle unsere Sünde, Schuld und Schande. Es musste ein Opfer geben, weil die Folge unserer Schuld der Tod ist. Jesus zahlte für unsere Strafe."

Karen ließ den Film weiterlaufen. Als Carrie die Kreuzigung Jesu und seine Grablegung sah, liefen ihr Tränen über das Gesicht. Dann wurden das leere Grab und der Beweis seiner Auferstehung gezeigt. Als Carrie den auferstandenen Jesus sah, sprang sie vor Aufregung auf und ab. „Er lebt!", rief sie.

Von diesem Moment an liebte Carrie Jesus. Sie war begeistert, als das Weihnachtsfest näher rückte und die anderen Mädchen einen Geburtstagskuchen für Jesus vorbereiteten. Aber der Höhepunkt in dieser Zeit war, dass sie das Weihnachtsfest mit ihren Töchtern und der Familie Parker verbrachte, die sich um die Mädchen kümmerte. Mali und Mya hatten auch einiges über Jesus erfahren. Ebenso wie ihre Mutter hatten sie den Wunsch, ihr Leben Jesus anzuvertrauen.

An Heiligabend kamen Carrie, ihre Töchter und die Parkers zusammen, um zu beten. Kerzen erleuchteten das Wohnzimmer und im Hintergrund spielte leise weihnachtliche Musik. Mali und Mya knieten sich beide vor dem Sofa hin und schlossen die Augen.

„Lieber Jesus", betete Mali. „Bitte komm in mein Herz."

Ganz leise wiederholte Mya das gleiche Gebet.

„Und danke, Gott, für den Geburtstag von Jesus", fügte Mali noch hinzu. „Und für Weihnachten, all die Geschenke und dass Mama Jesus gefunden hat, und danke, dass sie im *Wellspring*-Haus Hilfe bekommen hat."

Carries Tränen flossen, als sie ihre Kinder beten hörte. *Danke, Jesus,* fügte sie leise hinzu. *Dies ist der schönste Moment in meinem Leben.*

Als Carrie nach den Feiertagen wieder bei uns war, verschlang sie alles, was sie für den Unterricht lesen sollte, und forschte in der Bibel, wann immer sie konnte. Sie nahm sie überallhin mit, auch wenn sie zum Supermarkt ging. Die Bibel wurde ihr Rettungsanker.

Außerdem wurde jeder, der ihr über den Weg lief, von ihr mit Fragen gelöchert: „Was ist Glaube?" „Was ist Sünde?" „Was ist Schuld?" Ihre Neugier brachte unsere Mitarbeiter dazu, ihren eigenen Glauben zu überdenken und selbst ein tieferes Verständnis zu bekommen. Wie schon so oft lernten wir selbst genauso viel dabei wie Carrie.

Carrie war bei den anderen Mädchen im Haus recht beliebt. Ihr Enthusiasmus war ansteckend, und sie hatte oft ein ermutigendes Wort für die anderen. Aufgrund ihrer fast kindlichen Erscheinung – sie war gerade mal einen Meter dreiundfünfzig groß – und da sie so viel Mühe damit hatte, die amerikanische Kultur zu verstehen, vergaßen die anderen Mädchen ihre eigenen Probleme und kamen einander darin zuvor, Carrie zu unterstützen oder ihr bestimmte Dinge zu erklären. Jeder wollte ihr helfen.

Abgesehen davon konnte Carrie hervorragend kochen! Alle Mädchen waren abwechselnd mit Kochen an der Reihe, aber Carries Fähigkeit, köstliche asiatische Festessen zuzubereiten, machten sie rasch zu *Wellspring*s beliebtester Küchenchefin.

Nachdem sie sich wochenlang dem Bibelstudium gewidmet und neue Lebenserfahrungen gesammelt hatte, konnten wir sehen, wie Carrie sich veränderte. Sie schien sich einfach wohler in ihrer Haut zu fühlen. Ihr Wissen über den Glauben und die

Bibel und ihre Reife hatten enorm zugenommen. Tag für Tag kam sie ein Stück weiter.

Ihre Nächte verliefen allerdings nicht so gut. Es schien fast, als ob dämonische Mächte versuchten, durch geplante Angriffe zur Schlafenszeit das Land zurückzugewinnen, das sie den Tag über verloren hatten. Häufig wurde eine unserer Mentorinnen nachts geweckt, weil es an ihrer Tür klopfte.

„Ich kann nicht schlafen", sagte Carrie dann. „Da ist etwas in meinem Zimmer."

Carrie wurde von Bildern dunkler Gestalten, die über ihr flogen, und von störenden Stimmen, die in ihrem Geist widerhallten, geplagt. Zu oft stand sie am nächsten Morgen erschöpft auf, weil sie nur wenig oder gar nicht geschlafen hatte.

Das änderte sich, als Carrie zu den Conrads, ihrer Gastfamilie, zog. Nach ihrem sechsmonatigen Aufenthalt bei *Wellspring* hatte Carrie unglaubliche Fortschritte gemacht. Sie verfügte über eine völlig neue und hoffnungsvolle Vorstellung vom Glauben. Ihre Töchter lebten bei ihr in der Gastfamilie, und alle drei schliefen im selben Zimmer. Das schien den nächtlichen Visionen weitgehend entgegenzuwirken.

Genauso wie in der Zeit, die sie bei *Wellspring* verbracht hatte, gab es auch jetzt bei ihrem Umzug wieder viele helfende Hände. Eine Familie stiftete einen Jeep. Eine andere half ihr, eine Arbeit in einem Computerladen zu finden.

Ich wusste jedoch, dass trotz all dieser Segnungen Carries Glaube noch sehr zerbrechlich war. Würde sie ihr Vertrauen auf Gott behalten und sich ganz auf ihn verlassen können? Die folgenden Wochen würden der Test dafür sein.

Alma Conrad, Carries Gastmutter, bemerkte schnell, dass Carrie noch manche Fähigkeiten als Mutter entwickeln musste.

Mali, die nur sechs Jahre alt war, organisierte die kleine Familie. Bevor der Schulbus kam, kümmerte sie sich darum, dass jeder etwas zum Essen mitnahm und rechtzeitig fertig wurde. Alma führte einige lange Gespräche mit Carrie über die Aufgaben und Verantwortlichkeiten einer Mutter.

Zudem musste Carrie sich der Herausforderung stellen, eine neue Arbeit zu erlernen, ihr Geld zu verwalten und all die anderen Verpflichtungen des täglichen Lebens zu erfüllen. Für jemanden, der die meiste Zeit ihrer erwachsenen Jahre entweder betrunken oder unter Drogen verbracht hatte, waren diese Veränderungen manchmal fast zu viel. Carrie war oft ungeduldig oder frustriert. Dieser Lebensstil war ihr so fremd. Wie schon so oft zuvor fehlte ihr das Gefühl der Zugehörigkeit.

Sie arbeitete hart daran, eine bessere Mutter zu werden und zu begreifen, was dazu gehört, eine Büroangestellte zu sein. Sie studierte auch weiterhin die Bibel. Während des dreimonatigen Aufenthalts bei den Conrads hatte sie neue Fähigkeiten erlernt und eine engere Beziehung zu Gott aufgebaut. Sie hatte ihren Abschluss bei *Wellspring* in der Tasche. Aber ihre größte Prüfung lag noch vor ihr.

Bei ihrer Rückkehr in die „reale Welt" wurde Carrie emotional und auch in ihrem Glauben stark herausgefordert. Sie versuchte Gott zu vertrauen, fragte sich jedoch manchmal, ob er wirklich die Macht hatte, ihr dabei zu helfen, so zu leben, wie er es wollte. Als Laura, eine unserer Mentorinnen, bei Carrie anrief, um sich nach ihr zu erkundigen, war die Antwort gewöhnlich: „Na ja, ich atme und lebe noch." Laura tat alles, um Carrie zu ermutigen.

Aber irgendwann schaffte Carrie es doch nicht mehr. Alles war so schwer und so neu. Sie wollte einfach einen Ort haben,

der ihr vertraut war, einen Ort, der sich wie ein Zuhause anfühlte.

Sie ging zurück in die Stripteasebars.

Als Carrie im „The Golden Canary" zur Tür hereinkam,
wurde sie von ihrem früheren Boss und anderen Angestellten
und alten Freunden freudig begrüßt und umarmt. Es fühlte
sich großartig an, bekannt und willkommen zu sein. Als man
ihr ihren alten Job anbot, nahm sie an.

Sie wurde wieder Tänzerin.

Dieses Mal jedoch konnte Carrie sich nicht dazu bringen, zu
trinken oder Drogen zu nehmen, bevor sie auf die Bühne ging.
Es fühlte sich einfach nicht richtig an.

Vor einem Publikum zu tanzen und sich auszuziehen, fühlte
sich auch nicht richtig an. Es war zwar vertraut – die heißen
Lampen, die Musik, der Nebel aus Zigarettendunst und natürlich die Männer, die jede ihrer Bewegungen beobachteten –,
aber es hinterließ bei ihr ein unangenehmes Gefühl der
Scham.

Zurück in der Garderobe vergrub Carrie ihr Gesicht in den
Händen.

Herr, du willst nicht, dass ich hier bin, nicht wahr?, betete sie.
*Ich gehöre nicht mehr hierher. Wohin soll ich gehen? Wohin gehö-
re ich?*

Noch im selben Moment, als sie die Frage gestellt hatte,
wurde Carrie klar, dass sie die Antwort schon kannte. Sie hatte
sie schon lange im Herzen getragen. Sie war nur nicht bereit
gewesen, sich ihr zu stellen.

Es ist egal, wo ich hingehe, Herr, stimmt's?, betete sie. *Es geht
gar nicht um einen bestimmten Ort. Es geht um dich. Ich gehöre
jetzt zu dir. Mein Zuhause ist bei dir.*

An diesem Abend verließ Carrie den Stripteaseklub endgültig. Sie beschloss, dass es Zeit sei, ihr Vertrauen ganz auf Gott zu setzen.

Mit Gottes Hilfe fing Carrie an, ihren Alltag neu zu ordnen. Sie schloss sich einer wöchentlichen Selbsthilfegruppe für ehemalige Alkohol- und Drogenabhängige an. Sie meldete sich bei einem wöchentlich stattfindenden Kindererziehungskurs nach biblischen Prinzipien an. Außerdem bot sie ihre Mithilfe bei einem Projekt an, das sich um Stripteasetänzerinnen kümmerte. In einer Gruppe ihrer Gemeinde für alleinerziehende Mütter konnte sie andere Frauen auf vielfache Weise ermutigen.

Vor Kurzem rief Laura wieder bei Carrie an, um sich nach ihr zu erkundigen. Laura hatte selbst eine entmutigende Woche hinter sich. Am Ende des Gesprächs war Carrie diejenige, die Laura Mut zusprach.

„Gott hat doch alles unter Kontrolle", erklärte Carrie Laura. „Du kannst ihm vertrauen und auf ihn zählen."

Heute lebt Carrie selbst nach diesem Rat.

„Ich spüre, dass sich allmählich mein Leben ordnet", erzählte Carrie mir, als ich ihr kürzlich nachmittags einen kurzen Besuch in ihrer Wohnung abstattete. Wir saßen auf dem Sofa und tranken Tee zusammen.

„Ich habe kapiert, dass es nicht auf meine Art funktioniert", fuhr sie fort. „Ich will jetzt alles so tun, wie Gott es mir zeigt. Ich will weiter lernen, die beste Mutter der Welt zu sein und meine Kinder die Wahrheit zu lehren, damit sie später ihre Kinder lehren können."

Als Carrie über ihre Töchter sprach, wurde mein Blick auf die gerahmten Farbfotos von Mali und Mya auf einem Beistelltisch und auf ihre selbst gemalten Bilder, die am Kühlschrank hingen, gezogen. Carrie war offensichtlich stolz auf die beiden, und ich war stolz auf Carrie. Sie hatte ein gemütliches, liebevolles Heim für ihre Familie geschaffen, und das sagte ich ihr.

„Ich bin so dankbar, dass Gott mit mir ist, dass er mir hilft und mich leitet", sagte Carrie. „Ich weiß, dass er mich liebt und dass ich zu ihm gehöre. Bei ihm bin ich zu Hause. Das allein zählt."

Laura

Ich vertraue dir alles an

Die jungen Frauen, die das *Wellspring*-Programm durchlaufen, haben einige der furchtbarsten Dinge durchlebt, die ich mir vorstellen kann: emotionalen, körperlichen und sexuellen Missbrauch; Drogenabhängigkeit; Prostitution; Abtreibung. Über viele Jahre gab es in ihrem Leben nichts außer Verwirrung und Schmerz. Sie kommen zu uns, weil sie Hilfe und Beratung suchen. Sie lernen schnell, sich an die wunderbaren Mentorinnen zu wenden, die mit ihnen zusammenleben – Frauen, die etwa das gleiche Alter haben wie sie, manchmal sogar jünger sind – und die eine solch zentrale Rolle in unserer Arbeit einnehmen.

Die Mädchen im *Wellspring*-Haus sehen zu den Mentorinnen auf. Ich bin sicher, dass viele von ihnen zumindest am Anfang glauben, dass unsere Mentorinnen immer eine enge Beziehung zu Gott hatten, immer wussten, was Gottes Wille für ihr Leben war, und richtige Entscheidungen getroffen haben. Natürlich ist das nicht der Fall. Die Mentorinnen lernen und wachsen im Glauben an Jesus genauso wie die anderen jungen Frauen. Laura, unsere erste Mentorin, hatte nie solche Traumata erlebt wie die meisten unserer Teilnehmerinnen. Sie wuchs in einem christlichen Elternhaus auf, wusste praktisch nichts über Drogen und hatte noch nie von Freiern oder Zuhältern gehört.

Sie kannte jedoch zutiefst das Gefühl der Verwirrung und seelischer Qualen.

* * *

Laura starrte die Türklinke an. Dahinter war der Hausflur ihres Apartmentkomplexes und jenseits davon eine Stadt mit einer halben Million chinesischer Einwohner. Laura gehörte zu einer Organisation, die Christen nach Übersee schickte, um dort Englisch zu unterrichten. Sie lebte seit acht Monaten im Land und hatte mit einigen der Studierenden, die sie unterrichtete, Fortschritte gemacht. Ein paar von ihnen zeigten ein diskretes Interesse daran, mehr über Jesus zu erfahren. Laura wusste, dass sie darüber, wie die Dinge liefen, eigentlich froh sein müsste.

Stattdessen war sie voller Panik.

Die ersten sechs Monate waren eine wunderbare Herausforderung gewesen. Aber nachdem sich die Begeisterung, in einem fremden Land zu leben, gelegt hatte und das, was sie tat, zur Routine wurde, kämpfte Laura gegen zunehmende Depressionsattacken. Sie fühlte sich einsam und hatte Angst. Die Furcht nährte sich selbst und führte zu Panikattacken. Sie hatte Angst fernzusehen, denn sie dachte, es könne eine weitere Attacke auslösen. Sie kroch unter die Bettdecke, rollte sich zusammen und bat Gott sie zu trösten, wie er es in den letzten Jahren immer getan hatte. Aber nun kam keine Antwort mehr. Sie fühlte sich, als ob Gott sie verlassen hätte.

An jenem grauen Wintertag, als ihre Augen auf den Türgriff starrten, entschied sich Laura, ihre Furcht zu überwinden. Sie brauchte Lebensmittel; sie musste essen.

Es ist nur eine Türklinke, sagte Laura sich selbst. *Du schaffst es.*

Endlich streckte sie ihre zitternde Hand aus und drückte die Klinke herunter. Sie bewegte sich ganz bewusst durch den nur schwach beleuchteten Hausflur und dann die ersten fünf Treppen hinunter. „Du schaffst es", flüsterte sie.

Sie kam unten an, betrat eine lange Allee und blinzelte in das plötzliche Tageslicht. Sie musste ihren ganzen Mut zusammennehmen, um weiterzugehen. Die Allee war voller Menschen auf Fahrrädern und solchen, die in Müllcontainern wühlten. Alle waren in gedeckten Farben gekleidet – lange dunkelblaue Jacken und graue zugeknöpfte Hemden.

Laura versuchte, die Menge zu ignorieren, und ging weiter. Sie sagte Verse aus dem Philipperbrief auf, um sich auf etwas zu konzentrieren.

Als sie ein Stück weitergelaufen war, kam sie zu einem Schulhof voller Kinder. Neben dem Basketballfeld sah sie eine grellrote kommunistische Flagge, die schlaff am Fahnenmast hing; in der eintönigen Umgebung sah sie ganz unpassend aus. Die Kinder hörten auf zu spielen und kamen zum Zaun gerannt, um die Fremde anzustarren und zu winken. Lauras Gesicht zeigte den Anflug eines Lächelns, aber sie wusste, dass sie nicht stehen bleiben durfte. Sie musste weitergehen.

„Du schaffst es", wiederholte sie. Trotz des kühlen Wetters spürte sie den Schweiß auf ihrer Stirn.

Schließlich öffnete sich die Allee in eine Straße hinein, die auf beiden Seiten von Verkaufsständen gesäumt war. Dort gab es Obst, Gemüse, Eis, Fotobedarf und vieles mehr. Die Straße selbst war voller Menschen, die dicht an dicht in alle Richtungen liefen. Der Supermarkt war jetzt nicht mehr weit entfernt.

Aber als Laura sich in die Menge begab, wurde sie von dem Aufeinanderprallen der Menschen, Geräusche und Gerüche überwältigt. Sie geriet in Panik.

Nein!, dachte sie. *Ich schaffe es nicht.*

Laura drehte um und fing an zu rennen. Als sie in ihrer Wohnung angekommen war, warf sie sich aufs Bett und weinte.

Das hier war nicht das Leben, das Laura sich vorgestellt hatte, als sie aufwuchs. Als Achtklässlerin in Peachtree City in Georgia hatte sie ihr Leben Gott anvertraut. Von diesem Moment an hatte sie sich fest entschlossen, ein besserer Mensch zu werden, und fühlte sich gedrängt, Gottes Wort zu lesen. In der Highschool hatte sie den Eindruck, dass Gott sie in einen vollzeitlichen Dienst berufen würde. Sie schrieb sich in der Berry-Universität ein, einer christlichen Ausbildungsstätte für freie Künste in Georgia.

Laura war schüchtern und fühlte sich in der Umgebung der Hochschule sehr unsicher. Aber als sie im zweiten Studienjahr war, kam eine ältere Studierende namens Melissa auf sie zu. Sie lud Laura zu Hühnchen mit Brokkoli und Reis in ihre Wohnung ein, und sie tauschten sich über die Hochschule, das Leben und Gott aus.

Melissa gab Laura ein Buch mit dem Titel *Sieg über die Dunkelheit*.

„Laura, ich möchte gern Zeit mit dir verbringen", sagte Melissa. „Ich glaube, dass dieses Buch dir helfen wird. Wenn du willst, würde ich dich gern einmal in der Woche treffen und das Buch mit dir durcharbeiten."

Laura war zutiefst berührt. Sie konnte es kaum fassen, dass sie dieser erfahrenen, fortgeschrittenen Studierenden wichtig war und dass sie Zeit mit ihr verbringen wollte. Laura fing an, eine neue Einstellung zu entwickeln. Sie war nicht mehr so sehr mit sich selbst beschäftigt, sondern nahm jetzt mehr die Bedürfnisse anderer wahr.

Als Laura später selber in ihrem Studium fortgeschritten war, begann auch sie, sich um jüngere Studierende zu kümmern, genauso wie Melissa es für sie getan hatte. Auch in anderen Bereichen engagierte sie sich ehrenamtlich. Sie hatte den Eindruck, ihre Berufung gefunden zu haben.

Es ist so erfüllend für mich, Herr, betete sie. *Ich möchte das für den Rest meines Lebens machen.*

Eines Abends, als sie gerade über das Universitätsgelände fuhr, hatte Laura den Eindruck, dass Gott zu ihr sprach und ihr sagte, dass sie einen Missionseinsatz in China machen solle. Sie war kein bisschen begeistert; sie hasste es zu fliegen.

Gott, du weißt, wie ungern ich fliege, betete sie. *Wenn du wirklich willst, dass ich nach China gehe, dann soll im Radio über China gesprochen werden, wenn ich es jetzt einschalte.*

Laura schaltete das Autoradio ein. Die ersten Worte des Sprechers waren: „Heute in Peking ..."

Trotzdem verbannte Laura Gedanken an China aus ihrem Kopf. Sosehr sie auch den Willen Gottes tun wollte, sie war noch nicht bereit, dies auf alle Dinge in ihrem Leben zu beziehen.

Laura machte ihren Abschluss in Berry und verbrachte den Sommer als Leiterin eines Missionseinsatzes in Panama City Beach, Florida. Es war eine bereichernde Arbeit. Sie fühlte sich Gott näher als je zuvor. Als sie eines Abends mit ihrem Team am Strand war, suchte sie sich einen abgelegenen Platz, um zu beten und die Sterne zu beobachten. Sie setzte sich, legte die Sandalen ab und ließ den noch warmen Sand zwischen ihren Zehen durchrieseln.

In diesem friedlichen Moment hatte sie wieder das Gefühl, dass Gott ihr etwas sagen wollte. Es war keine hörbare Stimme, aber sie nahm sie so deutlich wahr, als ob er neben ihr säße. *Laura,* schien er zu sagen, *ich möchte, dass durch dich Generationen erreicht werden.*

Laura fiel ein Vers ein, der für sie in den Jahren in Berry von tiefer Bedeutung gewesen war. Er gab die Worte Jesu wieder: „Ein Weizenkorn, das nicht in den Boden kommt und stirbt, kann keine Frucht bringen, sondern bleibt ein einzelnes Korn. In der Erde aber keimt es und bringt viel Frucht, obwohl es selbst dabei stirbt" (Johannes 12,24; Hoffnung für alle).

Sie sehnte sich danach, wie dieses Weizenkorn zu sein; eine Frau zu sein, die ihre eigenen Interessen zurückstellte, um den Bedürfnissen anderer zu begegnen. *Herr,* betete sie, *bitte tu du das, was nötig ist, damit das geschehen kann.*

Laura ahnte nicht, wie viel Schmerz – aber auch wie viel Freude – diese schlichte Bitte nach sich ziehen sollte.

Während der folgenden Jahre engagierte sich Laura in einer Arbeit unter Singles in einer Gemeinde in Peachtree City. Zur selben Zeit nahm ein Gedanke in ihr Gestalt an. Sie träumte davon, ein Heim für junge Frauen einzurichten, einen Ort, an dem Menschen zusammen leben und Gott besser kennenlernen konnten, ohne sich dabei um Ausgaben Sorgen machen zu müssen. Sie wurde jedoch entmutigt, als sie mit anderen über diese Idee sprach. Alle nickten höflich, aber die meisten Blicke, die sie erntete, schienen zu sagen: „Na, du bist ja vielleicht mutig. Aber weißt du, das wird nicht funktionieren. Vielleicht solltest du darüber nachdenken, eine richtige Arbeit zu finden."

Dann tauchte der Gedanke an eine Reise nach China wieder auf. Laura widerstand ihm wie beim ersten Mal.

Gott, ich glaube nicht, dass diese Idee von dir ist, sagte sie. *Aber ich will das tun, was du möchtest. Wenn die Idee von dir ist, musst du mir einen konkreten Auftrag geben, damit ich weiß, dass ich gehen soll.*

Laura arbeitete in ihrer Gemeinde als Sekretärin. An ihrem nächsten Arbeitstag lief ihr eine ältere Dame über den Weg, die sie kannte. Ihr Name war Flo und sie hatte an einigen Missionsreisen teilgenommen.

„Oh, hallo, Laura", sagte Flo. „Ich habe dir gerade etwas auf den Schreibtisch gelegt, das dich vielleicht interessieren könnte."

Als Laura in ihr Büro kam, öffnete sie den Umschlag. Darin war ein Anmeldeformular für ein christliches Programm, das Englischlehrer nach China aussandte.

Laura setzte sich hin und starrte auf das Formular. *Okay, Herr,* betete sie. *Ich glaube, ich verstehe allmählich.*

In diesem Sommer flog Laura zu einem missionarischen Kurzzeiteinsatz nach Jamaika, sozusagen als „Trainingsflug". Zu ihrer Überraschung machten ihr die Flüge gar nichts aus. Schon bald sammelte sie Spenden für die Reise nach China. Trotz der hohen Kosten – 12 000 Dollar – erhielt sie jeden Penny, den sie brauchte.

Noch bevor sie wusste, wie ihr geschah, saß sie in einem Flugzeug, das unterwegs nach Fernost war.

Es zeigte sich, dass der elfmonatige Aufenthalt in China zwar ermutigend war, aber auch verheerende Folgen für sie hatte. Laura war begeistert, dass mehrere Studierende durch die Begegnung mit ihr zum Glauben kamen. Aber der emotionale Tribut war fast unerträglich. Es war so, als ob alle Ängste und Unsicherheiten, die sie in ihrem Leben gekannt hatte, sich zusammengeschlossen hätten, um sie in einem einzigen konzentrierten Angriff zu attackieren. Während der letzten Wochen, die sie dort verbrachte, musste sie all ihre Kraft aufbringen, um auszuhalten, bis sie nach Hause fliegen konnte. Erst später sollte sie verstehen, dass sich in ihr ein geistlicher Kampf auf höchster Ebene abspielte.

Laura war überglücklich und erleichtert, in die Vereinigten Staaten zurückzukehren. Aber nur ein paar Tage später kehrte der Schmerz zurück. Es war weitaus schlimmer als alles, was sie vorher durchlebt hatte. Sie fühlte sich, als ob sie von innerlich und äußerlich gequält werden würde.

Bevor es ihr gelang, diesen Eindruck zu überwinden, kam ihr ein Gedanke in den Sinn: *Geh runter, hol dir ein Messer und mach Schluss.* Sie wusste, dass es die Stimme dämonischer Kräfte war.

Das ist ja lächerlich, sagte sie zu sich selbst. *Ich will mich doch nicht umbringen. Ich will leben!*

Am nächsten Morgen ging Laura zum ersten Mal nach ihrem Chinaaufenthalt schweren Herzens in ihre Gemeinde. Sie fühlte sich nicht danach, alle ihre alten Freunde wiederzusehen, aber sie wusste, dass sie Hilfe brauchte. Nach dem Gottesdienst erklärte sie ihre Situation ihrem Pastor, Kenneth Brown, der sie mit einer Seelsorgerin in Kontakt brachte.

Während der nächsten Tage spürte Laura, dass Gott ihr riet, sechs Monate lang auszuruhen. Innerlich protestierte sie dagegen; schließlich hatte sie finanzielle Verpflichtungen. Aber dann änderte sie ihre Meinung.

Er ist Gott, überlegte sie. *Vielleicht sollte ich besser auf ihn hören.*

Es stellte sich heraus, dass Laura während dieser sechs Monate ein paar unerwartete finanzielle Zuwendungen erhielt. Es gab diesbezüglich in der ganzen Zeit keine Probleme.

Lauras Angstzustände hielten an. Ihre Seelsorgerin schlug ihr vor, mit ihrer Familie in den Urlaub zu fahren. Zögernd stimmte sie zu.

Als Laura mit ihren Eltern in dem elfstöckigen Apartmentkomplex in Florida eincheckte, wollte sie für sich im hinteren Bereich der Wohnung ein Zimmer haben, das nicht so nah beim Balkon lag, der auf den Strand zeigte. Sie hatte Angst, dass sie sich hinunterstürzen könnte, wenn sie zu nah am Balkon wohnte.

Eines Abends während dieses Urlaubs saß Laura allein in ihrem Zimmer, schrieb in ihr Tagebuch und sprach mit Gott.

Herr, was machst du hier mit mir?, betete sie. *Ich kann hier doch gar nichts tun. Mein Leben entgleitet mir.*

Wieder meinte Laura eine Antwort von Gott zu hören, klar wie eine hörbare Stimme: „Laura, ich möchte, dass du mir deinen emotionalen Zustand anvertraust."

Gott meine Gefühle geben?, dachte Laura. *Kann ich das wirklich? Und wie soll ich das tun?*

Sie dachte weiter darüber nach und beschloss, einen „Vertrag" aufzusetzen und in ihr Tagebuch zu schreiben. In dick geschriebenen Buchstaben schrieb sie: „Ich, Laura Warner, übergebe hiermit das Recht auf meinen emotionalen Zustand an meinen Herrn Jesus Christus." Sie zog noch eine Linie für die Unterschrift darunter und wollte diese schon aufs Papier bringen.

Dann zögerte sie.

Wenn ich diesen Vertrag unterzeichne, dachte sie, *weiß ich nicht, was Gott tun wird. Er könnte diese Leute in weißen Kitteln schicken, die mich mitnehmen und in eine Anstalt stecken. Will ich das etwa?*

Laura schüttelte den Kopf. *Ich weiß, dass Gott nur mein Bestes will,* dachte sie. *Sogar wenn das geschehen würde, weiß er, was er tut. Es wäre dumm, nicht zu unterschreiben.*

Laura nahm ihren Stift und unterschrieb. Daraufhin spürte sie eine plötzliche, willkommene Erleichterung.

Nein, ihre Probleme und Ängste verschwanden nicht einfach über Nacht. Aber Lauras Panikattacken ließen allmählich nach und sie fühlte nach und nach einen inneren Frieden. Immer öfter gelang es ihr, Gott ihre Ängste anzuvertrauen. Die Unterzeichnung ihres Vertrags mit Gott war für sie zu einem Wendepunkt geworden. Laura hatte nach allem, was sie durchgemacht hatte, verstanden, dass der Schlüssel für eine Lösung darin lag, ihr Leben Gottes Fürsorge anzuvertrauen.

Ein paar Wochen später, als Laura morgens noch im Bett lag, hatte sie wieder den Eindruck, dass Gott ihr etwas deutlich machen wollte: *Laura, erinnerst du dich an den Traum von einem Heim für Frauen, den du vor einiger Zeit hattest? Der Zeitpunkt dafür ist jetzt gekommen.*

Gott, was meinst du mit jetzt?, dachte sie. *Ich bin doch noch immer so durcheinander. Ich kann im Moment gar nichts tun.* Sie fragte einen Pastor danach, aber er hatte nichts davon gehört, dass es Programme dieser Art gäbe.

Laura konnte nicht wissen, dass ich zu diesem Zeitpunkt gerade daran arbeitete, *Wellspring* zu gründen, und dass ich Gott angefleht hatte, mir die Person zu zeigen, die unsere erste Mentorin sein sollte und die mit im *Wellspring*-Haus leben würde. Als ich bete, kam mir Lauras Name in den Sinn. Ich war mir sicher, dass Gott mir diese Idee gegeben hatte.

Als ich Laura ein paar Tage später im Eingangsbereich unserer Gemeinde traf, wusste ich nichts über die Schwierigkeiten, die sie gerade durchlebte. Ich wusste nur, dass Gott wollte, dass ich sie ansprach.

Nachdem wir uns begrüßt hatten, erklärte ich ihr unser Anliegen. „Laura, ich glaube, dass du dich in dieser Arbeit engagieren solltest", sagte ich. „Könntest du dir vorstellen, mit uns zusammenzuarbeiten?" Je mehr ich ihr von *Wellspring* erzählte, umso größer wurden ihre Augen.

Nur wenige Wochen später verpflichtete sich Laura, unsere Mitarbeiterin zu werden.

Die vierundzwanzigjährige Danielle, die Opfer sexuellen Missbrauchs gewesen und in Drogenkonsum und Prostitution geraten war, wurde unser erstes „*Wellspring*-Mädchen". Laura, die nur zwei Jahre älter war, sollte ihre Mentorin werden. Zu dem Zeitpunkt hatten wir noch kein Haus und auch kein festes Programm. Aber wir fühlten uns alle dazu berufen, zu lieben und zu dienen; wir glaubten, dass die Details sich später ergeben würden.

Laura und Danielle zogen zusammen in eine gemietete Wohnung und lernten, gemeinsam im Glauben zu wachsen. Es war nicht immer einfach. Schon in der ersten Woche regte sich Danielle auf, weil wir nicht schnell genug eine Möglichkeit gefunden hatten, ihren Hund Libby unterzubringen.

„Ich und mein Hund sind dir doch völlig egal!", schrie sie Laura an.

Der raue Ton war zu viel für Laura. Sie fing an zu weinen und zog sich in ihr Zimmer zurück. *Herr, was soll ich hier nur?*, betete sie unter Tränen. *Ich weiß nicht, wie ich ihr helfen soll.*

Ein paar Minuten später kam Danielle ins Zimmer geschlichen und kniete sich neben Laura. Mit Tränen in den Augen sagte Danielle zu Laura: „Ich wollte dir nicht wehtun. Ich weiß, dass ihr euch alle um mich kümmert. Ihr wart wunderbar zu mir." Dann ging sie hinaus.

Zu Danielles Überraschung kam Laura schon bald zu ihr ins Zimmer und fragte, wie es ihr gehe. Sie sprachen darüber, was geschehen war, und arbeiteten gemeinsam an dem Konflikt. Für beide war es ein wichtiger Moment. Laura erkannte, dass sie die harten Zeiten überstehen konnte, und Danielle entdeckte, dass man ihr ihre Fehler vergab.

Laura diente den Mädchen drei Jahre lang als Mentorin bei *Wellspring*. Während dieser Zeit heilte Gott sie ebenso wie die jungen Frauen, die unser Programm durchliefen. Laura hatte oft das Gefühl, dass sie auf ihrem Weg mit Gott den Mädchen, die sie anleitete, nur einen halben Tag voraus war.

Eine der härtesten Zeiten, die Laura bei *Wellspring* durchmachte, war eine Phase, in der sie störende Stimmen in ihrem Kopf zu hören glaubte. Sie fragte sich, ob sie dabei war, verrückt zu werden. Eines Nachmittags, kurz nachdem sie zum ersten Mal die Stimmen gehört hatte, nahm Joy, eines der *Wellspring*-Mädchen, Laura beiseite.

„Laura", fragte sie leise, „hast du jemals so etwas wie Stimmen in deinem Kopf gehört?"

Den beiden jungen Frauen wurde bald klar, dass sie mit ihrem Problem nicht allein dastanden.

Ein oder zwei Tage später, als Laura mit dem Auto durch die Stadt fuhr, unterdrückte sie ein Gähnen. Die Stimmen, die sie ständig plagten, raubten ihr den Schlaf. Sie war erschöpft.

Ich werde versuchen zu beten, dachte sie. Als sie an einer Ampel halten musste, schloss sie die Augen und sprach laut aus: „Im Namen von Jesus befehle ich jeder Stimme in meinem Kopf, die nicht von ihm ist, dass sie schweigen muss."

Augenblicklich hörten die Stimmen auf.

„Machst du Witze?", sagte Laura zu sich selbst in die plötzliche Stille hinein. *Danke, Herr. Das ist ja erstaunlich!*

Laura hatte an diesem Tag gelernt, dass sie durch Jesus Autorität in Anspruch nehmen konnte. Sie verstand mehr als jemals zuvor, dass geistliche Kämpfe real sind, aber dass es mit Gottes Hilfe immer möglich ist, diese Kämpfe zu überwinden. Dieses Erlebnis gab ihr neuen Auftrieb und ermutigte sie sehr. Nun konnte sie den Mädchen bei *Wellspring* ein neues Werkzeug an die Hand geben.

Noch ermutigender war die Begegnung, deren Zeuge sie an einem anderen Abend im Haus wurde. Laura war schon im Bett, als es an ihrer Tür klopfte. Es waren Connie und ihre Zimmergenossin Carrie.

„Laura, du musst für Carrie beten", sagte Connie. „Sie kann nicht schlafen und ich auch nicht."

Carrie, die erst ein paar Wochen vorher zu uns gekommen war, wusste nicht einmal genau, was los war.

„Ich kann es nicht erklären", meinte sie. „Irgendetwas stimmt nicht."

Laura und die beiden Mädchen knieten sich auf den Boden und nahmen einander bei den Händen. Als sie miteinander sprachen, hatte Laura plötzlich ein schockierendes Bild vor Augen. Hinter Carrie konnte sie eine unüberschaubare Menge von Männern „sehen". Da waren Tausende von nicht zu unterscheidenden Gesichtern.

„Carrie", sagte Laura erstaunt, „hast du Jesus jemals darum gebeten, dich von den Bindungen an all die Männer, mit denen du zusammen gewesen bist, zu befreien?"

„Was meinst du damit?", fragte Carrie.

Laura erklärte ihr, wie Jesus Carrie von „seelischen Bindungen" an Personen, die sie entweder geistlich, emotional oder körperlich kontrolliert hatten, befreien konnte.

„Ja", sagte Carrie. „Das will ich tun."

Während sie sich weiter an den Händen hielten, bat Laura Jesus, den Raum mit seiner Gegenwart zu erfüllen und alle ungewollten Bindungen zwischen Carrie und den Männern in ihrer Vergangenheit zu lösen. Dann machte sie eine Pause, in der Carrie das Gebet aufnahm und Gott bat, ihr zu helfen und sie von diesen Bindungen an diese Männer zu befreien.

„Herr, bitte nimm all die Stücke meines Herzens, die ich weggegeben habe, und gib sie mir zurück. Mach mich wieder ganz", betete Carrie. „Danke, Herr, dass du mich liebst. Danke."

Carrie betete weiter, wobei ihre Stimme stärker und schneller wurde. Sie drückte Lauras Hand so fest, dass es wehtat.

Nach mehreren Minuten war Carrie mit ihrem eifrigen Gebet fertig. Laura rieb ihre Hand und sah sie an. „Carrie, du warst so aufgeregt, während du gebetet hast", sagte sie. „Was war los?"

Carrie lachte, ihre Augen tanzten. „Ich habe noch nie so viel Liebe empfunden", erklärte sie. „Ich habe gespürt, wie Gott mein Herz wieder zusammengesetzt hat. Es war wunderbar!"

Für Laura war es ein weiterer Beweis für die Liebe Jesu und seine übernatürliche Kraft. Mit eigenen Augen konnte sie sehen, wie er die jungen Frauen in *Wellspring*, deren Leben so zerbrochen waren, heilte und befreite.

Danke, Herr, betete sie. *Es ist so ein Vorrecht, auch nur einen kleinen Anteil an dem zu haben, was du tust. Du bist wirklich ein wunderbarer, großer Gott.*

Die jungen Frauen, die bei uns waren, empfinden es als Privileg, Laura als Mentorin erlebt zu haben. Viele sind mit ihr in Kontakt geblieben, nachdem sie ihren Abschluss gemacht haben. Vor Kurzem lud Danielle Laura zu ihrer Hochzeit ein. Heute gehört Laura zum Leitungsteam von *Wellspring*. Sie unterstützt die Mentorinnen und leitet die Gebetszeiten mit allen Mitarbeitern.

„Als ich am Anfang als Mentorin tätig war, hatte ich den Eindruck, mit den anderen Frauen nicht sehr viel gemeinsam zu haben", sagt Laura. „Ich gehörte eher zu einer Minderheit. Aber wir haben alle die gleichen Grundbedürfnisse: Wir wollen erfahren, dass unser Leben Bedeutung hat, wir wollen erfahren, dass wir angenommen sind und dass sich jemand um uns kümmert. Wir wählen alle unterschiedliche Wege, um diese Bedürfnisse zu stillen, und manche davon sind in der Gesellschaft eher akzeptiert als andere. Aber die Hauptsache ist nicht herauszufinden, was gesellschaftlich akzeptiert ist, sondern dass wir Jesus erlauben, unseren inneren Hunger zu stillen."

Das kann für eine junge Frau, die anderen Menschen vertraut und dann erlebt hat, dass dieses Vertrauen wiederholt missbraucht wurde, sehr schwer sein. Laura hat herausgefunden, dass Veränderung möglich ist.

„Ich habe erfahren, dass wir Gott wirklich vertrauen können", erklärt sie. „Wenn wir uns ihm mit unserem ganzen Leben anvertrauen, dann brauchen wir nur ihn."

Schlusswort

Die längste Zeit meines Lebens hätte ich mich selbst nie als eine siegreiche Frau eingeschätzt. Ich war ein „braves" Mädchen, das in einer kleinen Stadt namens Geneva in Alabama aufwuchs. Ich heiratete meine erste große Liebe aus der Highschool, wollte Mutter werden, anschließend zwanzig Jahre als Erzieherin im Kindergarten arbeiten, um das Leben kleiner Kinder zu prägen, und dann meinen Ruhestand antreten.

Gott hatte etwas anderes mit mir im Sinn.

Als jüngere Schwester eines Bruders mit Downsyndrom lernte ich schon früh, Beschützerin und Trösterin zu sein. Als dann meine Ehe scheiterte, erlebte ich, dass ein zerbrochenes Herz mehr ist als eine Redewendung. Ich war am Boden zerstört – so verletzt, dass es keine Hoffnung mehr für mich gab.

An diesem Punkt in meinem Leben kam Gott ins Spiel. Er hatte immer zu meinem Leben gehört, aber nun wurde er mein Retter. Je mehr ich ihn suchte, desto mehr erlebte ich Heilung und Trost.

Als ich unendlich viel Zeit mit Gott und seinem Wort verbrachte und in mir eine Liebe zu Gott wuchs, entdeckte ich tief in mir eine Sehnsucht – manche würden es vielleicht eine riskante Leidenschaft nennen –, verletzten Menschen dabei zu helfen, Gott auch in dieser Weise kennenzulernen.

In meiner Gemeinde fand ich eine Gruppe gleich gesinnter Menschen, und so wurde unsere Liga „siegreicher" Frauen geboren.

Nachdem Sie dieses Buch gelesen haben, fühlen Sie vielleicht in sich ein neues oder größeres Drängen, sich den Verlorenen, Verwirrten und Verletzten zuzuwenden. Wenn das so ist, dann möchte ich Sie ermutigen, diesem Drängen von ganzem Herzen zu folgen! Nichts ist vergleichbar mit der Erfüllung und Freude, die wir erleben, wenn wir Gottes Ruf folgen, für ihn siegreich zu sein.

Auf meinem Weg mit *Wellspring* habe ich entdeckt, dass ich die Herzen unserer jungen Frauen dann am tiefsten berühren kann, wenn ich lerne, sie bedingungslos zu lieben. Es ist so leicht, mehr auf ihr Verhalten zu achten als auf das, was in ihnen vorgeht, aber ich weiß, dass sie Barmherzigkeit und nicht Verurteilung brauchen. Ich zeige ihnen, dass sie mir wichtig sind, indem ich versuche, ihre Grundbedürfnisse zu stillen. Ich frage sie, ob sie gegessen haben, ob sie Geld für Benzin haben, ob ich für sie beten darf. Ich versuche sie mit Botschaften auf Notizzetteln, Gesprächen und kleinen Geschenken zu ermutigen.

Indem ich sanft, aber beständig daran arbeite, ihr Vertrauen zu gewinnen, und dabei geduldig Gottes Zeitplan respektiere, darf ich erleben, dass sie gewöhnlich die eigenen Schutzmauern überwinden, die sie aufgebaut haben, weil sie jahrelang die Erfahrung machten, dass man sie verraten hat. Irgendwann schließlich erlauben sie mir, ihnen ganz persönlich zu begegnen.

Die wichtigste Lektion jedoch, die ich gelernt habe, ist vielleicht die, dass ich keine der Frauen vor sich selbst bewahren kann. Sosehr ich auch jedem Mädchen bei *Wellspring* helfen möchte, trage ich dennoch nicht die Verantwortung dafür, dass sie Heilung erfahren.

Kennen Sie die Geschichte von Jesus und dem gelähmten Mann aus dem Markusevangelium? Vier Freunde trugen einen gelähmten Mann auf einer Matte zu einem Haus, wo Jesus gerade lehrte. Da waren zu viele Leute, um den Gelähmten durch die Tür hineinzubringen, also nahmen sie ein paar Dachziegel ab und ließen den Mann von oben zu Jesus herunter. Die Freunde konnten nichts für ihren gelähmten Freund tun, aber sie wussten, dass Jesus etwas tun konnte. Bewegt vom Glauben dieser Männer heilte Jesus den Gelähmten.

Genauso können auch wir nicht selber die Menschen mit zerbrochenen Herzen heilen. Wir können sie nur zu dem Einen bringen, der es kann. Ich bete dafür, dass Sie Ihr Leben Gott zur Verfügung stellen, dass Sie den Mut finden, einen bequemen Lebensstil hinter sich zu lassen, und es riskieren, ihm hingegeben zu leben, indem Sie die Verlorenen zu ihm bringen. Eine verletzte Welt wartet da draußen auf Sie.

Mir ist aber auch bewusst, dass manche meiner Leser vielleicht ganz woanders stehen – es könnte sein, dass Sie selbst zerbrochen und verletzt sind. Wenn dem so ist, möchte ich Sie wissen lassen, dass Sie über alle Maßen wertvoll sind, dass irgendwo in Ihrer Nähe Menschen sind, die bereit sind, zu helfen und sich für Sie einzusetzen, und dass der Gott des Himmels und der Erde Sie mehr liebt, als Sie sich vorstellen können. Ich nehme innerlich Anteil an den Kämpfen, durch die Sie gehen müssen, um jeden einzelnen Tag durchzustehen. Ich habe nicht die Lösungen für all die Herausforderungen, in denen Sie stehen, aber es gibt jemanden, der die Lösungen hat.

In ihm gibt es immer Hoffnung.

Mary Frances Bowley

Tracys Gebet

Ich bete, dass dein Herz empfänglich wird für das, was Gott sich für dich wünscht.

Ich bete, dass du erkennst, wer Jesus Christus wirklich ist und wie sehr er dich liebt.

Ich bete, dass dich nichts von Gottes Wahrheit abbringen kann.

Ich bete, dass du die Fülle Gottes in deinem Leben erlebst.

Es gibt keine größere Freude, als die Liebe Gottes zu erfahren. Unser herrlicher König kann dir unvergleichlich viel mehr schenken, als diese Welt dir je bieten könnte.

Ich bete, dass in dir der Wunsch wächst, die Erkenntnis über Gott zur Grundlage deines Lebens zu machen. Nur in ihm können wir frei sein von den Ketten dieser Welt.

Ich bete, dass du von der Festung, die dich an diese Welt gebunden hat, befreit wirst, damit du Gott in seiner Fülle erfassen kannst.

Jesus Christus verurteilt dich nicht.

Jesus selbst hat gesagt: „Den ersten Stein soll der werfen, der selbst noch nie gesündigt hat!"

Tracy, eines der Mädchen des *Wellspring*-Programms, von dem in diesem Buch erzählt wird, widmete dieses Gebet jeder Person, die darum kämpft, Licht in ihrem oder seinem Leben zu finden.